△ 道观大殿（云南昆明）

▷ 作者刘达临在安徽齐云山（1991 年 4 月）

△ 两位作者初访江西龙虎山张天师府（1999 年 5 月）

△ 作者刘达临和龙虎山的道士探讨性文化（1999 年 5 月）

△ 作者胡宏霞在八卦门（江西龙虎山，2000 年 5 月）—————————

△ 作者刘达临在彭祖庙（四川彭山，2000年9月）

◁ 作者刘达临与一位老道长（四访江西龙虎山，2013 年 10 月）

△ 作者刘达临在北京的白云观（2014 年 6 月）

胡宏霞

刘达临 / 著

道家

与性文化

人民东方出版传媒
People's Oriental Publishing & Media

东方出版社
The Oriental Press

前　言

道家文化是中华文化的精华

我和刘达临教授近几年来所作的道家性文化的研究，是对性文化又一次拨乱反正的尝试。

　　二十多年来，我们的性文化研究可以分为若干阶段：先是由研究中国当代的性文化（包括进行全国两万例性调查）过渡到研究中国古代性文化（包括创建中华性文化博物馆），进而又进行了不同国家、民族性文化的对比研究，后来又研究中华性文化和中国古代传统的主流文化孔孟之道的相互关系。站在有一定高度的山上，望着下面已经走过的蜿蜒小路，我感到欢欣与快慰。

　　2012 年出版了《孔子与性文化》，我们以为这本书可能是我们的"封山之作"，如果再深挖就难了。可是，树欲静而风不止，山欲封而路又开，我们不去找事情，事情又来找我们了。

　　离上海不远处有个常州茅山，是著名的道教圣地，现在全国许多地方都在大力发展旅游业，当地希望依托这个道教圣地

△ 江西龙虎山张天师府大殿 ————————————

建设一个以道家文化为主题的风情街，其中要和我们合作建立一个道家性文化博物馆，这件事为我们打开了一些新的思路。

　　我们创建中华性文化博物馆已有20年了，这个"性文化"的概念是大而化之的，展示内容多而广，涉及方方面面，但是广而不深。这20年我们共建立过13个性文化博物馆，大都是这样，有的馆虽有改进，但都不是质变。现在要办一个道家性文化博物馆，以"道家"为切入点，不是又上一层楼了吗？历

△ 作者胡宏霞在张天师府饮"圣水"（2013 年 10 月）

代道家都提倡房事养生，所以中国古代性科学又可以称为"房事养生学"，这不正好很切题吗？但是，道家性文化博物馆不是随处可建的，如果随处可建，意义就不大了，现在把它建在茅山这个道教圣地，看来正是"天作之合"。何况，道家文化的许多内容都是中国传统文化的精髓，可是在现代社会并不被重视，似乎弄得很神秘化，许多内容还有待挖掘与深入研究。现在全世界有不少有识之士已经对之投以关注的目光，我们在这个时候创建道家文化博物馆，是正逢其时，甚至又抢先一步了。我们的性学事业、性文化事业就是要"为天下先"，决不能跟在人后亦步亦趋，干什么事都要创新、再创新。

可是，创新地办一个博物馆谈何容易，我们自己得掂掂分量。办博物馆当然首先要有展品，而我们现在的收藏，间接地与道家文化有关的有余，而直接有关的则远远不足。在现在的中华性文化博物馆里直接有关道家、道教的收藏只是很少一些。所幸的是，当我们把这些想法告诉已经结交了20年的老朋友邓伟东先生以后，他就十分热心地动用了他古玩界的关系，找到了不少与道家、道教直接有关的文物展品，他为我们的性文化事业作出了贡献，我们对这些文物展品，真有"别有洞天"之感。

不过，办博物馆决不是放一些展品就够了，否则，和摆旧货摊有多大区别呢？有了展品，还要有学问，否则，展品都不知道怎么组合，介绍文字都不知道怎么写。因此，要不断地学习，从"知其大概"、"不甚了了"中提高。为此，我们在这方面作了很大努力，在去了崂山、齐云山、彭山、武当山等道教圣地考察的基础上，又第四次去了有"天师府"的龙虎山。我们仿佛是在大海中游泳，越游越觉得水深了。

我们过去所出版的书，涉及道家、道教的内容不少，可汇集起来作专题研究，这也是我们的一个有利条件。而有了这么多新体会、新内容，不写下来实在可惜，因此我们决定"开山"，再写一本书。在道家性文化博物馆开馆以后，这本书也许会发挥很好的配合作用。

在我们写这本书的时候，我突然发现，我们的一生如果还可以说是做了一点事情的话，那就是我们总是在纠正一些传统偏见的过程中寻求真理，一共有四个方面：

一是许多人认为性是不雅、不洁、不可告人甚至是污秽和下流的。我们这几十年所做的主要工作，就是引导人们认识这样一个道理：性是人生的一件大事，它像一团火，能给人以温暖，也能把人烧成灰烬，必须以自然、健康、科学的态度对待性。

二是怎样看待孔孟之道。有人把它捧上了天，认为 21 世纪的中国还应该以它为主导思想；有人又认为封建礼教扼杀人性，因此还是要"打倒孔家店"。其实，最原始的孔孟之道是闪耀着人性的光辉的，对性也抱着肯定的态度，只是后世的御用学者秉承了统治者的意志，把原始的孔孟之道篡改了，抹杀了它合理的内核，同时扩展了它具有历史局限性的内容，扼杀了人性。我们发现，孔孟之道作为两千年来中国的主流文化，极大地影响了中华文明，也极大地影响了中华性文化。可以说，孔孟之道也是中华性文化的重要源泉。我们应该取其精华，弃其糟粕，为现代社会的文明建设服务。

三是怎么看道家文化。我们本来以为，做了以上两个方面，这辈子的任务也算完成了，想不到形势所推，现在又要面对道家文化了。道家文化是中华文化的精华，也是一座没有很好挖掘的宝藏，它在两千多年的中国历史长河里，曾经掀起过很大的浪花，鲁迅就说过："中国根柢全在道教"①，可是现在却被弄得十分神秘，不太兴旺。许多人认为，道士都是装神弄鬼，《易经》、八卦、占卜、风水都是迷信，可是我们越研究道家文化，越感到不能这样看，手中有宝不识宝，好东西尽让外国人拿去了。

长期以来，外国人和许多中国人都认为古代中国的性文化很落后、很保守，可是我们近 20 年来搜集了 4000 多件中华性文物，最古老的有 9000 年历史，并为此建立了性文化博物馆，证明了中华民族具有的丰富而悠久的文化中包括令世界惊讶的性文化。现在又发现，中华民族的性文化可以以道家文化为代表，道教是最崇尚人性的宗教，是最尊重女性的宗教，道家文化是中国古代一切科学发展的基础，其中的一些奥秘可能还要让现代世界的人们研究千年。

四是现代人对待中医的态度，这也和道家文化有着密切的

---

① 鲁迅：《致许寿裳》（1918 年）。

关系。现代中国社会的人们对中医药不甚重视，甚至抱了一种排斥的态度，认为中医药"不科学"，说有的中成药"有毒"。其实，中国的传统医学几千年来闪耀着熠熠光辉，事实证明，对许多疾病，西医只能"治标"，而中医能够"治本"；有些西医认为是不治之症的，中医治疗却往往能转危为安。用现代科学的眼光来看，中医药是有不少需要改进的地方，的确要改进它，完善它，但决不是贬低它，使它衰微没落。现在，许多人都在呼吁要救救中医，人才缺失、中药材质量严重下滑、中药厂倒闭、好药方失传，日本、韩国在这方面都在称"老大"了，这不能不使人忧心忡忡啊！中国的道家文化是十分讲究养生、与传统医学紧密地联系在一起的，这一切都要拨乱反正。

当然，对一种传统文化的拨乱反正，绝非一时之功、一人之力，我们只能做我们应该做的与能做的，许多人都有未竟之志，有许多事只能让他人、后人去做吧！

刘达临教授和我是带着遥望道家性文化博物馆的欢欣来合作写这本书的。这个博物馆坐落在常州茅山的东方盐湖城，那里有个道风街，欢迎读者去参观。

胡宏霞

目 录

第一章

道家性文化的形成

第二章

《易经》与八卦

第三章

道家与妇女

第四章

中国古代房中术的发展

第五章

道教的异化

第六章

道教的改革和最后的兴盛

后　记

研究道家文化引发的思考

第一章

道家性文化的形成

讲道家性文化，不能只讲道教，东汉张道陵所创建的道教，其理论基础是在春秋战国时期形成的道家文化，而道教使它有所发展、扩大并运用于实践。道家文化决不是无根之木、无源之水，它在春秋战国时期形成，甚至还可以追溯到更久远的时期。

第一节　从黄帝到春秋战国

中华性文化的起源最早可以追溯到黄帝。在中国古代，道家文化有时被称为"黄老之学"，道家运用的一些方术则被称为"黄老之术"。"黄"就是黄帝，"老"则是老子。

黄帝是传说中中原大地的部落联盟领袖，被公认为华夏文明的奠基者和创造者，如舟车、文字、音律、医学、算数、养蚕等都创始于黄帝时期。同时，他还被认为是世界最古老的性学大师：不少古书都记载了他曾和广成子、容成子、彭祖等"十老"，还有素女、玉女、玄女等"五女"讨论性问题；古代还有"黄帝御千二百女而成仙"的传说，虽属神话传说，但说明了黄帝有较多的性实践；流传至今的《黄帝内经》中也有较多的性医学内容，虽然后人疑此书为托名之作，但也不是空穴来风。古代还有《黄帝三王养阳方》20卷，有人也疑为托名之作，已佚。

曾和黄帝讨论性问题的"十老"、"五女"的详细情况，后世记载不多，但是对于其中的彭祖，后世的许多典籍都曾有记载。

历史上记载他姓篯名铿，是颛顼的玄孙，生于夏代，到了殷商末年已经767岁（一说八百余岁），殷王任他为大夫，他却托病不问政事。他长期练功修行，是中国古人长寿的第一代表人物。关于他的长寿，后世所传众说纷纭：一说他活了八百多岁，但古代纪年方法与现代有所不同，八百余年实则合今一百多年，即使如此也很不容易了；另说古代有大彭祖国，彭祖活了八百多岁，实为大彭祖国存在了八百多年之讹。

后世最早提及彭祖的可能是《论语·述而》："述而不作，信而好古，窃比于我老彭。"《庄子·逍遥游》中说："楚之南，有冥灵者，以五百岁为春，五百岁为秋；上古有大椿者，

△ **拜祖大典**（河南新郑，2008 年 4 月）

以八千岁为春，八千岁为秋。此大年也。而彭祖乃今以久特闻，众人匹之，不亦悲乎。"《列子·力命》写道："彭祖之智，不出尧舜之上，而寿八百。"《荀子·修身》则云："扁善之度，以治气养生则后彭祖，以修身自名则配尧禹。"其他有关彭祖的记述，不胜枚举，甚至《史记》也提到了他。《史记》则是从古到今人们认为最可靠的正史。

古人历来把彭祖作为长寿最典型的代表，所谓"彭寿"、

"彭年"等都是大吉大利之词。今四川有彭山县，据传这是彭祖的故乡；江苏省徐州市又称彭城，据传这是彭祖受封之地；江苏无锡还有"彭祖墩"。今人还收藏一件楚简，名《彭祖》，简文为："耈老曰：'三去其二，岂若已。'彭祖曰：'吁，汝孳孳布问，余告汝人伦……'耈老曰：'眊眊余朕孳，未则于天，敢问为人。'彭祖曰：'既跻于天，或坠于渊……父子兄弟，五纪必周……'"

彭祖为什么会长寿？后人记载他是从三个方面修炼的：一是食道，就是讲究饮食，食其精英；二是气道，就是练气功；三是房道，就是房中术，就是性、房事养生。正因为这样，彭祖被后世奉为道家的老祖宗之一。

晋代的著名道学家葛洪在《神仙传》中记述彭祖认为"不知交接之道，虽服药无益也"，可见彭祖认为通过房中术养生是很重要的。

到了春秋战国时期，有关这方面的记载就更多、更清晰了。春秋战国是中国历史上一个大变革的时期，社会形态由宗族奴隶制向封建制过渡。当时，奴隶主的统治日趋没落，新兴的地主势力逐渐抬头，社会生产力获得了一定的解放，这就促使了思想观念的活跃和科学技术的发展，从而形成了所谓"百家争鸣"的局面。那时，中原大地分裂成许多国家，群雄纷争，各

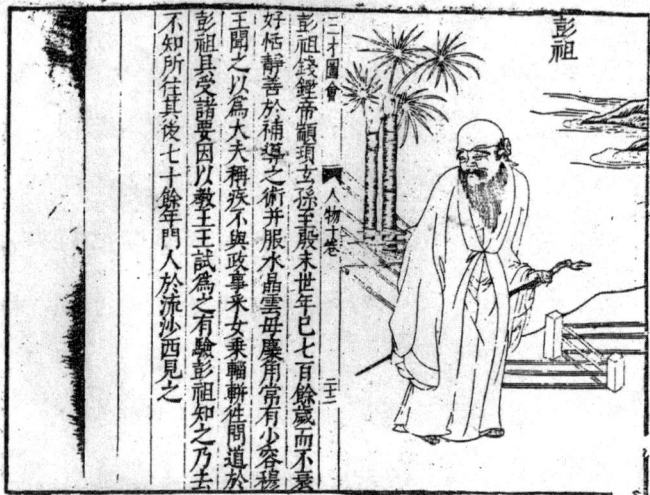

三才圖會　人物卷

彭祖

彭祖錢鏗帝顓頊玄孫至殷末世年已七百餘藏而不衰好恬靜善於補導之術并服水晶雲母麋角常有少容穆王聞之以爲大夫稱疾不與政事承女乘輜軿往問道於彭祖其受諸要因以教王王試爲之有驗彭祖知之乃去不知所往其後七十餘年門人於流沙西見之

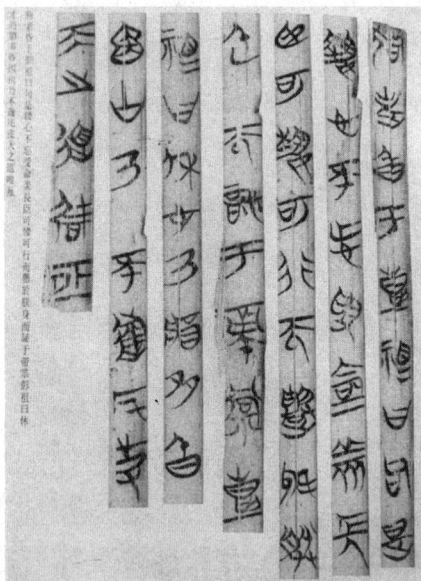

有需求，也不可能像后世那样"定儒家为一尊"，统一思想，这也为"百家争鸣"创造了有利条件。因此，这是中国历史上思想最活跃的时代，也是中华文化的奠基时代。

"百家争鸣"涉及社会生活的方方面面，也涉及人生，涉及如何看待性问题。不同的学派对性问题的看法都是通过对"人欲"的探索而展开的，在这个问题上充分体现了当时人们不同的性观念。

总的来看，当时无论是统治阶级还是民间，性观念是比较开放的。在民间，始于周初止于春秋中期的中国最早的诗歌总集《诗经》描写了当时的民风民俗，其中描述男女情爱的内容颇多，如《关雎》、《摽有梅》、《采葛》、《野有死麕》等都十分有名，除了述及男女一般的性爱以外，还涉及野合和同性恋等。

对当时的统治阶级来说，也是同样的。有不少君主和学者公开地谈论过性问题，如齐宣王就坦率地和孟子谈到"寡人有疾，寡人好色"。还有一位秦宣太后在一次军事会议上主张对自己有利时才会出兵，对自己没有益处就不会出兵，还以性交为例，说先王（她死去的丈夫）在和她做爱的时候，压在她身上的一个点，她就感到很疼，整个身体压在她的身上，她就不疼了。①后世的一些道学先生评论这件事时说，这种话"出于妇人之口，入于使者之耳，载于国史之笔，皆大奇"。②其实何奇之有？那时的人们把性看成是一件非常自然、正常的事情，没有什么可讳言的，不像后世的一些大人先生，道貌岸然，讳言谈性，却是一肚子的男盗女娼。还有，春秋时齐国的贤相、大政治家管仲于公元前7世纪创建了中国历史上第一个国营妓院（即"置女闾七百"），君主喜之，百姓赞之，历史载之，认为这个举措对增加国库收入、招揽人才、缓和社会矛盾起到了一定作用，这也说明了当时人们对性的态度。当然在那个时期，统治阶级也存在着骇人听闻的内室秽乱，伦常颠倒，风气淫荡，这则是另一个方面的问题了。

第二节　老庄之学成为道家文化的主旨

春秋战国时期，和孔孟之道同时形成的老庄之学，以后成为道家文化与道教的主旨。道家的后世也称老庄之学为"黄老之学"。老庄之学中的"老"是指老子，"庄"指继承与发展

---

① 《战国策·韩策》。

② 王士禛：《池北偶谈》。

了老子学说的庄子。

老子被后世尊为道教的鼻祖，他是春秋时楚国苦县厉乡曲仁里人，姓李，名耳，字聃，曾做过周朝守藏室吏（国家图书馆馆长）。据说年轻的孔子曾专程到周朝的京城洛阳向老子请教。在孔子临走前，老子对孔子说："你所谈论的东西，其人已成朽骨一堆，留下的不过是些过时的空谈而已。君子得意时则大展宏图，不顺利时则应与时沉浮、深藏不露。我曾听说过这样的道理：精明的商人从不炫耀自己的财富，骄气和过多的欲望，都对你有害，这就是我给你的赠言。"

孔子回到鲁国后对学生们说："老子就好像是游于云雾中的一条龙，若隐若现，深不可测，高不可攀，无法捉摸。"

老子后来应关令尹喜之请著《道德经》，然后骑青牛飘然而去，不知所终。《史记》说，老子活了一百六十余岁，或言二百余岁，这都是因为他修道而获得的高寿。

老子的主要理论是：

一、贵生

老子认为，阴阳、牝牡、男女是天、地、人之根。他说：

"玄牝之门，是谓天地根。"① "大邦者下流，天下之牝，天下之交也。牝常以静胜牡，以静为下。"② 老子的这些话说明了牡牝相交，才构成生命。在老子看来，世间之人大多对生命不够重视，常沉溺于争名夺利，忙碌于世俗生活，虚度年华，浪费生命，而懵然不觉。这种态度十分可悲，也十分危险。老子指出：

希言自然。故飘风不终朝，骤雨不终日。孰为此者？天地。天地尚不能久，而况于人乎？③

这就是说，人的生命相对于自然界的事物而言，是十分短暂的。因此，必须把"贵生"作为人生的头等大事，要以百倍的热情来保护生命。

二、寡欲知足

人们之所以不重视生命的保养，关键在于内心充满种种物质欲望。一般人往往认为，追求到手的财物越多，权势越大，

---

① 《道德经》第六章。
② 《道德经》第六十一章。
③ 《道德经》第二十三章。

越能满足自我所需，生活也越幸福，于是无时无刻不思求于物质利益的获取。在老子看来，这种想法和做法是完全错误的，世人汲汲以求的东西，不仅不能给自己带来真正的幸福，反会因此遭受无穷的祸害，对养生极为不利。他指出，从表面现象来看，华丽的色彩和动听的音乐能给人以美的享受，鲜美的滋味、驰骋打猎也可带给人极大的乐趣，但从事实上观察则不然：

五色令人目盲；五音令人耳聋；五味令人口爽；驰骋畋猎，令人心发狂；难得之货，令人行妨。①

三、养生要处柔、处弱、处静

在老子看来，一个人要养生，就必须清楚和躲避有害因素，其方法就是处"柔"、处"弱"和处"静"。

一般人在日常生活中总想处刚、处强、处动，孰不知如不朝对立面转化，结果必是遭灾惹祸。所以，老子指出，"柔"和"弱"的养生之方是，人们应该自觉地使自己处于不利的地位，因为曲才能保全，枉曲才可以直伸，低洼才能满盈，敝旧

---

① 《道德经》第十二章。

△ 老子邮票四方连 ——————　　　△ 庄子邮票四方连 ——————

而能更新，少而能多得，多得反而减少。人们只有处于弱势，然后才能避免灾祸，保养身心，由不利转化为有利。

　　他在这方面的名言有：

　　　　天下之至柔，驰骋天下之至坚。①

　　　　将欲歙之，必固张之；将欲弱之，必固强之；将欲

————————

① 《道德经》第四十三章。

废之，必固兴之；将欲夺之，必固与之。是谓微明，柔弱胜刚强。[①]

天下莫柔弱于水，而攻坚强者莫之能胜，以其无以易之。弱之胜强，柔之胜刚，天下莫不知，莫能行。[②]

同时，人们还要处"静"，老子说："重为轻根，静为躁君。是以君子终日行不离辎重，虽有荣观，燕处超然。"[③]这就是说，厚重为轻浮的根本，安静为躁动的主宰，所以有德之人的言行举止总是保持厚重朴实，虽有荣华之境可供观赏，却安静闲处，超然物外。

在老子看来，宇宙万物无时不在变化发展，生生死死，没有止息，此"动"意味着人们劳精费神，心躁体疲。所以，人们要养生，就需由"动"转"静"，以安闲适处的态度超然于物外。以"静"应动，才可保生。

四、保持人的"本真"

使人得天地之精华的"气"而不至于发散和损耗，是养生

---

① 《道德经》第三十六章。
② 《道德经》第七十八章。
③ 《道德经》第二十六章。

△ 太上老君塑像

的目的，所以人们要做到保气于体，使之不散失，要结聚精气，使骨弱筋柔，犹如婴孩那样。因此，人之"本真"实际上就是人们初生时获得的"先天之气"。

在老子看来，任何物，包括人在内，只要壮盛了就会走向衰老，终则死亡。所以，人们若想求长生，就必须使自己的生命状态保持在初生时期，使之长久不涣散，避免受到损伤，这样，生命才能长久。反之，人如果一味追求安逸，贪口腹之欲，必然促使自己迅速地生长发育，结果使"本真"迅速地散失，形体亦随之而毁。

他说过一段很有名的话：

> 含德之厚，比于赤子。毒虫不螫，猛兽不据，攫鸟不搏。骨弱筋柔而握固，未知牝牡之合而朘作，精之至也。终日号而不嗄，和之至也。知和曰常，知常曰明。益生曰祥，心使气曰强。物壮则老，谓之不道，不道早已。①
>
> 载营魄抱一，能无离乎？专气致柔，能如婴儿乎？②

老子历来被推为中国养生学的祖师，而房内养生则是养生的根本。人的生命是由父母性交（即"牡牝之合"）而产生的，而性合之源则在于精。老子的以上论述认为，婴儿的生命力最强，婴儿无知无欲，无畏无惧，所以"毒虫不螫，猛兽不据，攫鸟不搏"。老子认为，婴儿筋骨柔弱，还不知道性交，可是小拳头握得很紧，小阴茎常常勃起，这是因为他精气旺盛；终日号哭而声音不嘶哑，也是因为平和无欲而精气充沛。

---

① 《道德经》第五十五章。
② 《道德经》第十章。

所以，老子提倡平和无欲的养生方式，惜精爱气，厚如赤子，反对"益生"、"使气"。于是节制性欲、减少房事就成为老子养生的基本观点，也是后世房中养生家研究房中养生术的基本思想。

道家文化起源于"老庄"，除了老子以外，还有庄子。庄子名周，宋国蒙人，做过管理漆园的小官，家里十分贫穷，曾以编草鞋为生，是先秦道家的另一位代表人物。他继承和发展了老子"道法自然"的观点，主张齐物我、齐生死、齐是非、齐大小的相对主义观点，幻想一种"天地与我并生，万物与我为一"的精神境界。他安时处顺，逍遥自得，著有《庄子》一书，为文汪洋恣肆，想象力极为丰富。书中提出了早期的神仙情状和许多养生思想："藐姑射之山，有神人居焉。肌肤若冰雪，淖约若处子，不食五谷，吸风饮露，乘云气，御飞龙，而游乎四海之外。"《庄子·逍遥游》中的这段文字，可以说是最早的神仙模型。

可能是因为庄子才华横溢而又不得志，他的言行总是有点怪。老婆死了，他却敲着盆子唱歌，说生死本无两样，死了更值得庆贺。

有一次，庄子和他的朋友惠施在濠水的桥上观鱼。庄子说："你看这水中的鱼多么快乐啊！"惠施则说："你又不是鱼，

你怎知鱼的快乐呢？"庄子反驳说："你又不是我，你怎知我

不知鱼的快乐呢？"

  还有一次，庄子做了一个梦，梦见自己变成了一只蝴蝶。

他像蝴蝶般扇动着双翼，翩然飞舞在鲜花丛中，快乐无比。醒

来后，他不禁自问："到底是庄子变成了蝴蝶，还是蝴蝶变成

△ 道法自然

了庄子呢？"这个故事在历史上十分有名，唐代李商隐的诗句"庄生晓梦迷蝴蝶"，即是指此。

楚威王听说庄子才识渊博，是个贤达之士，就派使者重礼聘请，并许诺让他当宰相。庄子听完哈哈大笑说："我听说楚国有只神龟，有三千多年了。它愿意楚王用巾笥把它包起来供在庙里，还是活着在泥浆中悠然摇尾呢？"使者说："它肯定愿意在泥浆中悠然摇尾。"庄子说："那么你就可以回去了，我要在泥浆中快活地摇尾。"

楚王并不甘心，又派人来聘请庄子。庄子说："你见过用来作祭品的牛吗？给它披上丝绸，喂它上好的饲料，牵到太庙，它想离开行吗？"从此，庄子隐迹山林，不知所终。

虽然两汉盛行黄老之学，但是《庄子》的影响却不大。到魏晋时，由于何晏、王弼、嵇康等人深好老庄之学，才盛称"老庄"，把《庄子》、《老子》、《周易》并称为"三玄"。

到了唐代，由于皇帝与老子同姓，于是大力推崇老子，并专门设置玄学，让学生诵习《道德经》和《庄子》等道书。天宝元年，皇上正式诏封庄子为南华真人，改《庄子》为《南华真经》。

老庄的学说十分深奥，在中国的哲学史上占有十分独特的、甚至是基础性的地位，但是，他们没有明确地提出过"房中术"，老子生前也从来没有想到自己会成为以后出现的道教的教主，也不会想到自己的理论以后会成为提倡房中术的道教的主旨。然而，如果对老子的理论作进一步的探索，会发现它与性文化有着基础性的、密不可分的联系：因为贵生，所以要贵性，因为无性即无生。

无为，并不是什么都不做，而是要按照自然规律去顺势而行；老子关于"赤子"的那段理论，充分地说明了无欲乃强，

生前個、說愛情

死後人、歌禍没

要通过无欲达到有欲。老子以道为本，而道的运动也离不开阴阳的力量。《道德经》说："道生一，一生二，二生三，三生万物。万物负阴而抱阳，冲气以为和。"① 二即阴阳，由道产生；阴阳相交，产生冲气以为和，天地万物遂于阴阳相反相成

---

① 《道德经》第四十二章。

中化生，所谓"和"，即指阴阳的平衡、和谐、合生的和合状态。总之，"道法自然"，而性实在是再自然不过的事情。老子还特别强调养生，而养生贵在精、气、神，方法是房道、食道、气道①，又有哪一方面离得开性呢？

世人一讲到性，往往就和性交、快乐、纵欲甚至淫秽、不洁联系到一起，哪有老庄的理论这么根本，这么超然、蕴深与不凡。

第三节　孔孟之道崇尚人性

在春秋战国时期的诸子百家中，对后世影响最大、最有权威的理论乃是儒家的孔孟之道。有些人一讲孔孟之道总是和性禁锢、"孔家店"、"吃人的旧礼教"连在一起，其实，原始的孔孟之道是崇尚人性的，对性是抱着自然和认可的态度的。

孔子所说的"饮食、男女，人之大欲存焉"和《孟子》所载"食、色性也"，都肯定了性是人类的一大自然需求，必须予以重视。孔子对具体问题的评价也都流露出这一观点，例如《诗经》有三百多首诗，其中不少都是歌咏与赞美男女之爱

---

① 这是传说中的古人、活到八百多岁的彭祖的"养生三道"。房道即房中术，食道即食补，气道即气功等锻炼。

的，后世有些道学先生，如宋代的朱熹对之大加挞伐，认为是
"淫奔"之辞，可是孔子评论《诗经》是"《诗》三百，一言
以蔽之，曰：'思无邪'"。[①]他认为男女之情是纯真的，决不
应该否定它。

　　孔子对男女、性爱、婚姻等问题的看法，多散布在《礼记》
中的《曾子问》、《哀公问》、《仲尼燕居》、《坊记》四篇

————————————

① 《论语·为政》。

中。此外，《孔子家语》中也涉及一些，但其内容基本上都是从《礼记》以上各篇中辑录出来的。

例如，有一次，孔子侍坐在鲁哀公旁边，两人进行了一番对话：

公曰："敢问为政如之何？"孔子对曰："夫妇别，父子亲，君臣严，三者正，则庶物从之矣。"公曰："寡人虽无能也，愿闻所以行三言之道，可得闻乎？"孔子对曰："古之为政，爱人为大，所以治爱人；礼为大，所以治礼；敬为大，敬之至矣。大婚为大，大婚至矣。大婚既至，冕而亲迎……"

当哀公听到男女结婚要"冕而亲迎"时，不禁问道："寡人愿有言也，然冕而亲迎，不已重乎？"孔子愀然作色而对曰："合二姓之好，以继先圣之后，以为天地宗庙社稷之主，君何谓已重乎？"

当哀公希望孔子对婚礼的意义作进一步解释的时候，孔子回答说：

> 天地不合，万物不生。大婚，万世之嗣也。君何谓已重焉？[1]

---

[1] 《孔子家语·大婚解》。

以上所举，可以说是孔子对男女结合、婚配嫁娶方面的最重要的文字。从这些话中可以看出，孔子对男女有别、男女婚姻是相当重视的，他不仅把男女问题的合理处置放在与"父子"、"君臣"关系的同等地位，作为治理国政的一项重要内容，而且以简洁的语言，深刻地解释了男女婚礼与人类、社会以及整个自然界之间不可分割的关系。此外，他还说过："一阳一阴，奇偶相配，然后道合化成。"他认为男女婚嫁结合是天经地义的自然现象。据传，孔子还写过《闭房记》一书，可能和房中术有关，惜已失传。

孟子继承了孔子这一闪耀着人性光辉的思想。在先秦诸子中，孟子的思想和性观念是最接近于人的本性的，也最容易被广大民众接受，其中禁欲的成分很少，人性的闪光点却很多，较之一般的思想家要开明得多。正因为如此，清代中期著名的哲学家戴震对他的学说十分推崇，专门研究了他的思想，撰成《孟子字义疏证》一书，猛烈地抨击了程朱理学扼杀人性的虚伪性。

孟子对性的看法更加灵活，更加重视具体分析。例如《孟子·万章上》有这么一段对话：

万章问曰："《诗》云'娶妻如之何，必告父母'，信斯言也，宜莫如舜；舜之不告而娶，何也？"

孟子曰："告则不得娶。男女居室，人之大伦也。如告，则废人之大伦，以怼父母，是以不告也。"

万章曰："舜之不告而娶，则吾既得闻命矣；帝之妻舜而不告（舜之父母），何也？"

曰："帝亦知告焉则不得妻也。"

这就是说，被后世捧为大圣人的舜，其父粗暴地干涉他的婚姻自由，帝尧要将两个女儿娥皇和女英嫁给他，他是愿意的，于是"不告而娶"，背着父母娶了这两个女子。如果从后世的封建礼教看来，真是冒天下之大不韪，可是孟子却对此持赞成的态度，一个原因是"为无后也"，即为后嗣考虑，这当然还是"不孝有三，无后为大"的老话；另一个原因是"告则不得娶。男女居室，人之大伦也。如告，则废人之大伦"。这里所说的"男女居室"，即指男女性交，孟子认为男女性交是"人之大伦"，是天经地义的事，舜有极坏极蠢的父母和弟弟，如果告诉了父母，就不能娶亲、不能性交了，人之大伦就废了，这是不对的，所以灵活一点，不告诉父母，是可以的。

又如，"男女授受不亲"，这是儒家倡导的一个重要原则，可是，是不是在任何情况下都一定要坚守这一原则呢？也不是。《孟子·离娄上》记载了这么一回事：

淳于髡曰："男女授受不亲，礼与？"孟子曰：
"礼也。"曰："嫂溺则援之以手乎？"曰："嫂溺
不援，是豺狼也。男女授受不亲，礼也；嫂溺援之以
手者，权也。"

这就是说，当嫂子落水，快要淹死时，必须把她救上来，
如果坐视不救，就是豺狼的行为，这时，"男女授受不亲"的
界限就要打破了。

这方面的例子还有很多，例如《孟子·告子下》记述了一个认识上的难题：有人问屋庐子，礼与食、礼与色哪个重要，屋庐子按照儒家的基本思想回答"礼重"。不料那个人又提出了两个走极端的怪问题：

> 以礼食，则饥而死；不以礼食，则得食，必以礼乎？亲迎（以礼娶妻），则不得妻；不亲迎，则得妻，必亲迎乎？

这个问题似乎很难回答。否定"礼"当然是不行的，而"饥而死"、"不得妻"也是人们所不愿意的，那么如何解决这二者之间尖锐的矛盾呢？对此，孟子作了一个十分辩证的回答：

> 金重于羽者，岂谓一钩金与一舆羽之谓哉？取食之重者与礼之轻者而比之，奚翅食重？取色之重者与礼之轻者而比之，奚翅色重？

孟子又设想出另一种情况叫屋庐子去反问那个人：

> 紾兄之臂而夺之食，则得食；不紾，则不得食，则

将缭之乎？逾东家墙而搂其处子，则得妻；不搂，则
不得妻，则将搂之乎？

以上两段话的意思是，"礼"是十分重要的，但如果稍有
越礼，而能避免发生严重问题，则是可以机动灵活、稍稍越礼
的。可是，如果严重越礼，例如"缭兄之臂而夺之食"、"逾
东家墙而搂其处子"，就不行了——这实在是个很妥当的回答。

可是，孔孟之道中这些宝贵的精神财富到了中国封建社会
的中后期，由于封建统治者的需要，一些御用文人把最原始的
孔孟之道篡改了，把其中闪耀着人性光辉的内容抹杀了，而把
孔孟之道中的一些消极因素如"唯女子与小人为难养也"等加
以扩大与绝对化，就形成"吃人的旧礼教"了。在这种情况
下，孔孟之道似乎和道教的房中术理论完全对立起来。其实，
在重视人性、提倡人性的自然与健康发展这些方面，儒教与道
教以至佛教是有不少共同点的，是殊途同归的。老子和孔子是
同时代人，史载孔子曾经拜访过老子，双方谈了很久，老子对
当时处于"晚辈"的孔子肯定有不少思想影响；而孔孟之道在
以后的两千多年中作为中华文化的主流，也对性文化有很大影
响。在道教建立以后的一千多年里，一些道教的改革家多次提
倡儒、道、佛"三教合一"，特别是道教与儒教要联手，这不

是没有原因的。

第四节　出土重现的房中术古籍

关于中国古代房中术的著作，在两汉时期出现较多，反映了先秦以来的性学理论。据《汉书·艺文志》记载，当时共有8家、191卷，它们是：

《容成阴道》26卷；

《务成子阴道》36卷；

《尧舜阴道》23卷；

《汤盘庚阴道》20卷；

《天老杂子阴道》25卷；

《天一阴道》24卷；

《黄帝三王养阳方》20卷；

《三家内房有子方》17卷。

以上书名中的"阴道"，指男女交合之道，一些人名如容成、务成子等，都是传说中的人物，所以从书名看，多为假托古人之作。但是，由于以上八家著作今已失传，所以也很难论定。班固在《汉书·艺文志》中记录了这八家之后，还有一段概括的论述：

> 房中者，情性之极，至道之际，是以圣王制外乐以
> 禁内情，而为之节文。传曰："先王之作乐，所以节
> 百事也。"乐而有节，则和平寿考。及迷者弗顾，以
> 生疾而殒性命。

这段论述似乎点出了所录的这些房中著作的主旨：既要有
性的快乐，又要有节制，就能"和平寿考"；如果迷溺于此而
不加节制，就会致病或折损寿命。可以说，这些思想贯穿在今
人所能发现的一切性学古籍中。

但是，这些已经失传的性学古籍后来被发现了一些。1973
年年底至 1974 年年初，我国考古工作者从长沙马王堆三号汉墓
发掘出帛书 20 多种，约 12 万字；另有竹木简书 4 种，约 4000
余字。这批古籍都是汉文帝十二年（公元前 168 年）入土的，
距今已有 2100 多年了。

在出土的帛书中，有不少是已佚的古代医书；同时，还出
土了许多竹简、木简，全部是医书，有《十问》、《合阴阳》、
《杂疗方》、《天下至道谈》等。这些医书中不少方面涉及性
问题，但真正能称为房中养生专著的，主要是《十问》、《合

阴阳》与《天下至道谈》。这些资料极为宝贵，不仅填补了我国古代医学史上的空白，也填补了我国古代性学史上的空白。

从《十问》、《合阴阳》、《天下至道谈》这些古代性学著作中可以看到，古人的性学理论已经不是那么抽象与大而化之，而是非常具体，这说明古人对房中术已有进一步的实践与经验总结。

一、《十问》

本书是竹简，出土时与另一种竹简医书《合阴阳》合成一卷，《十问》在内，《合阴阳》在外。由于书中通过黄帝与天师、大成、曹熬、容成，尧和舜，王子巧父和彭祖，盘庚和耇老，禹和师癸，文执（挚）和齐威王，王朝和秦昭王的讨论和问答，讨论了十个有关养生保健特别是房中养生的问题，所以帛书整理小组给它加上了一个篇名《十问》。

《十问》的主要内容和观点是：

1. 要顺天地阴阳的发展规律补阴养气

例如《十问》的第一问："黄帝问于天师曰：'万物何得而行？草木何得而长？日月何得而明？'天师曰：'尔察天地之情，阴阳为正，万物失之而不继，得之而赢。食阴拟阳，稽于神明。'"

这一段的意思是，黄帝问天师："万物为什么能运行变化？

草木为什么能生长？日月为什么能发光？"天师回答说："你仔细察看天地的情况，以阴阳为准则，万物如果违背了阴阳发展变化的规律就不能继续生存与发展，如果遵循这一规律就会兴旺地发展。服用滋阴之物而补益阳气，就能达到神明的境界。"

再如"黄帝问于容成曰"那一段：容成回答黄帝的问题说："君若欲寿，则顺察天地之道。天气月尽月盈，故能长生。地气岁有寒暑，险易相取，故地久而不腐。君必察天地之情，而行之以身。有征可知，间虽圣人，非其所能，唯道者知之。天地之至精，生于无征，长于无形，成于无体，得者长寿，失者夭死。故善治气搏精者，以无征为积，精神泉溢，翕甘露以为积，饮瑶泉灵尊以为经，去恶好俗，神乃溜形。"

这段话的意思是，如果想长寿，就要顺察天地发展的自然变化规律。天气变化如月亮有圆有缺，所以能长生。地气的变化有寒暑之分、地势高低不平而相辅相成，所以大地能长久而不朽。一定要了解天地变化的规律，并且亲身去做。如果有征兆可知，即使是圣人也不一定能弄明白，只有通晓自然规律的人才能掌握。天地之间最精美之物，都是自然发生而没有征兆的，它生长时无一定的形状，长成后也没有固定的体态，按规律办的就长寿，不按规律办的就夭死。所以善于治气和聚精的人，都是在没有征兆的情况下自然地蓄积，精神

△ 湖南长沙马王堆出土的帛书（邮票）

健旺有如泉水涌溢，经常饮用清泉和美酒，去恶好善，形体才显得十分有精神。

2. 要善于保护性功能

例如"尧问于舜曰"这一段："尧曰：'人有九窍十二节，皆设而居，何故而阴与人俱生而先身去？'舜曰：'饮食弗以，谋虑弗使，讳其名而匿其体，其使甚多而无宽礼，故与身俱生而先身死。'尧曰：'治之奈何？'舜曰：'必爱而喜之，教而谋之，饮而食之，使其题楨坚强而缓事之，必益之而勿予，必乐矣而勿泻，精将积，气将蓄，行年百岁，贤于往者。'舜之接阴治气之道。"

这段话的意思是，尧问："人有九窍、十二节，都有一定的部位，为什么生殖器和人体同时产生而生殖器先衰败呢？"舜回答说："对于生殖器，饮水吃饭不用它，思考问题不用它，人们忌讳提它的名字而把它隐藏起来，可是性交时却经常用它，而且不让它休息和节制，所以它与人体同时产生而先衰败。"尧又问："那么该怎么保护性功能呢？"舜回答说："一定要爱护它，研究保护它的方法，用饮食滋补它，使它经常坚硬而又不要多用它，即使有性冲动也不随便性交，即使在性交到高度快乐时也不要泄精，精液和真气得以积蓄起来，那么即使年过百岁，体质反而会比过去更强健。"这就是舜所主张的房中养生原则。

又如"王子巧父问于彭祖曰：'人气何为精乎？'彭祖答曰：'人气莫如朘精。朘气菀闭，百脉生疾；朘气不成，不能繁生，故寿尽在朘。朘之葆爱，兼予成佐，是故道者发明唾手循臂，摩腹从阴从阳。必先吐陈，乃翕朘气，与朘通息，与朘饮食，饮食完朘，如养赤子。赤子骄悍数起，慎勿。……出入，以修美理，固薄内成，何病之有？……死生安在，彻士制之，实下闭精，气不漏泄。心制死生，孰为之败？慎守勿失，长生累世。累世安乐长寿，长寿生于蓄积。'"

这段话的意思是，王子巧父问彭祖说，人的生气为什么是精华呢？彭祖回答说，人的生气莫过于阴精，如果阴精郁闭，百脉就会出毛病；而如果生殖功能发育得不成熟，就不能繁衍后代，人的寿命长短都在于阴精。因此，对阴精要加以爱护，并且帮助它，促进它成长。由于这个缘故，掌握养生之道的人发明了一些方法，如叫人垂下双手，按摩肩肘与腹部使它顺于阴阳；一定要先吐出废陈之气，吸收天之精气，使新鲜空气流于阴部。要以饮食来滋补阴精，如抚养婴儿那样仔细地保养它。即使阴茎多次勃起，也要谨慎房事，不能放纵，以调养身体，如果内脏都很坚实正常，那么又会有什么疾病呢？……死生的关键是什么呢？高明的人能驾驭它，补益下身而闭守精关，使精气不漏泄于外，意念上能控制死生，那么谁又能使他失败呢？要谨慎地守护阴精而不要使它受损失，就可以累世长生，永远安乐而长寿，长寿的诀窍就在于蓄积阴精。

3. 强调对精液要守而不泄

例如"黄帝问于曹熬曰"中提到："……长生之稽，侦用玉闭，玉闭时辟，神明来积。积必见章，玉闭坚精，必使玉泉毋倾，则百疾弗婴，故能长生。接阴之道，必心塞葆，形气相葆。故曰：壹至勿泻，耳目聪明；再至勿泻，音气高扬；三至勿泻，皮革有光；四至勿泻，脊肤不伤；五至勿泻，尻髀能壮；六至勿泻，百脉通行；七至勿泻，终身失殃；八至勿泻，可以寿长；九至勿泻，通于神明。曹熬之接阴治神气之道。"

这段话的意思是，长生的诀窍在于寻求守精闭关的方法，精关护守则精气藏聚，人就会生机旺盛而精神蓄积。蓄积的效果一定很明显，精关要很坚固，一定要使精液不要随意泄泻，那么就能去百病而长生。性交的原则，是要做到心绪安宁，使身心都很健康。所以说，性交一个回合而不泄精，就会耳聪目明；性交两个回合而不泄精，声音就会洪亮高扬；性交三个回合而不泄精，皮肤就会增添光泽；性交四个回合而不泄精，脊柱和臂肘关节就不会损伤；性交五个回合而不泄精，臀和大腿就壮实起来；性交六个回合而不泄精，全身经脉通畅；性交七个回合而不泄精，终身不会有什么病殃；性交八个回合而不泄精，可以长寿；性交九个回合而不泄精，将会进入神明的境界。这就是曹熬关于性交和治理神气的原则。

4. 要服用滋阴之品

如"黄帝问于天师曰：'食阴之道，虚而五脏，广而三咎，若弗能出幄。食之贵静而神风，距而两峙，参筑而毋遂，神风乃生，五声乃对。翕毋过五，致之口，枚之心，四辅所贵，玄尊乃至。饮毋过五，口必甘味，至之五脏，形乃极退。搏而肌肤，乃夫发末，毛脉乃遂，阴水乃至，溅彼阳勃，坚蹇不死，饮食宾体，此谓复奇之方，通于神明。'天师之食神气之道。"

这段话的意思是，服用滋阴之品的原则，在于补益五脏，充实三焦，使精气不离于体。服用滋阴之品贵在安神静志，保护精气，与女子性交能抗衡持久，交合三次而不泄精，就会产生神气，女方就会发出五种呼吸声作为反应。吸气不要超过五次，从口吸入，藏于内脏，精气归于四体，津液就会产生。服饮滋阴之品不超过五口，必须保持良好的味觉，精气归于五脏，形体就会很快地发生变化。迫使精气流行而外充于肌理皮肤，直至头发末端，周身的毛孔和脉络就会畅通，阴液就会产生，阴茎就会明显地勃起，坚硬而不痿；同时饮食调和适体，这就是补偿精气亏损的方法，可使人达到神明的境界。这就是天师服食天之精气的方法。

又如，"黄帝问于大成曰"中有这么一段："君必食阴以为常，助以柏实盛良，饮走兽泉英，可以却老复壮，曼泽有光。接阴将众，继以蚩虫，春爵员骀，兴彼鸣雄，鸣雄有精，诚能服此，玉策复生。太上执遇，壅彼玉窦，盛乃从之，员骀送之；若不执遇，置之以莽。诚能服此，可以起死。大成之起死食鸟精之道。"

这一段说的意思是，一定要经常服用一些滋阴之物，加上一些柏实，喝牛羊奶或以动物的睾丸、阴茎煎汤喝，就可以去除衰老，恢复健壮，使容颜焕发光彩。如果要多次和女子交合，就要吃飞鸟、雀卵、公鸡，公鸡有睾丸，如能服此，性机能就会恢复。体质好的人阴茎能勃起，具有和女子性交的能力，可以顺其自然，加上用雀卵补益之。如果阴茎不能勃起，就吃麦粥和雀卵。如果能这么服用，就可以治好阳痿症。大成的服鸟精以治阳痿的方法就是这样。

5. 性交应与气功相结合

例如，在"帝盘庚问于耇老曰"这一段中说："其事壹虚壹实，治之有节：一曰垂肢，直脊，挠尻；二曰疏股，动阴，缩州；三曰合睫毋听，翕气以充脑；四曰含其五味，饮夫泉英；五曰群精皆上，翕其大明。至五而止，精神日怡。耇老接阴食神气之道。"

这一段的意思是，性交应有泄有补，同时要有节制。一要垂直肢体，伸直脊背，按摩臀部；二要放松大腿，活动前阴，收敛肛门；三要闭目养神，不听杂音，吸引精气以充实大脑；四要口含津液，自感酸、苦、甜、辣、咸五味俱备，并且吞下口中津液；五是各种精气都上升于脑部，以收敛全身诸阳。性交至五个回合而停止或闭精勿泄，可以使人精神愉快。这就是耇老处理性交与吸引精气的方法。

总之，在《十问》中，把养生、气功、房中术结合得相当紧密。从中可见，古人很讲究吸气、滋补、性生活有节制，其中有不少科学道理，但是关于性交时要闭精守关、御而不泄的论述，与我们现代科学的论述并不一致。

二、《合阴阳》

《合阴阳》是在马王堆汉墓出土的和竹简《十问》合在一起的竹简。因为简首有"凡将合阴阳之方"一语，所以帛书整理小组就以《合阴阳》作为篇名。全书集中讨论了阴阳交合即男女性交之事，性技巧的内容十分集中、突出。它的内容包括：

1. 阴阳交合方法

　　凡将合阴阳之方，握手，出腕阳，揗肘房，抵腋旁，上灶纲，抵领乡，揗拯匡，覆周环，下缺盆，过醴津，陵渤海，上恒山，入玄门，御交筋，上欲精神，乃能久视而与天地俦存。交筋者，玄门中交脉也，为得操揗之，使体皆乐痒，悦怿以好。虽欲勿为，作相呴相抱，以恣戏道。戏道：一曰气上面热，徐呴；二曰乳坚鼻汗，徐抱；三曰舌薄而滑，徐屯；四曰下液股湿，徐操；五曰嗌干咽唾，徐撼，此谓五欲之征。征备乃上，上揳而勿内，以致其气。气至，深内而上撅之，以抒其热，因复下反之，毋使其气歇，而女乃大竭。然后热十动，接十节，杂十修。接形已没，遂气宗门，乃观八动，听五音，察十已之征。

　　以上这段的意思是，凡是男女阴阳交合的方法，应从手部腕阳，按摩肘旁，抵达腋窝，上经肩峰部位，按摩至颈项，再按摩颈部的承光穴，绕脖项一周进行按摩，下走缺盆，经由乳晕，越过胸窝，到达曲骨和横骨，进入阴户，触摩阴蒂，吸引天之精气以醒脑提神，就能长生久视而与天地共存。所谓交筋，就是阴户中的交脉即阴蒂，从下至上进行按摩，使浑身产生快感，情绪愉悦良好。即使不交合，也可以相互拥抱交吻，尽情嬉戏。性嬉戏有一定的方法：一是精气上升，面部发热，慢慢地张口出气；二是女子乳头竖起，鼻上出汗，应轻柔地进行拥抱；三是舌苔薄而舌面滑，当徐徐地相互依从；四是阴液流湿大腿，应徐徐地操动；五是女子不断地咽下口中津液，应轻轻地摇动。这就是女子产生性兴奋的五种表现。有这五种表现后，就可性交，阴茎要挺刺而不深入，以聚集精气。精气到来后，阴茎要深刺而上翘，以发散性交时所产生的热，上下反复抽送，不要使精气止息，这时女方达到性高潮后精气大为竭耗，然后再抽送十个十次，做十种模仿动物动作的性交，进行上下、左右、快慢、多少、深浅等十种情况的交合。性交快结束时，精气通于阴部，再观察对性交时八种动作的反应，听女子发出的五种呼吸声，了解性交十个回合而不泄精的反应特征。

2．"十动"、"十节"

十动：始十，次廿、卅、四十、五十、六十、七十、八十、九十、百，出入而毋泻。一动毋泻，耳目

聪明，再而音声章，三而皮革光，四而脊胁强，五而尻
髀壮，六而水道行，七而至坚以强，八而腠理光，九而
通神明，十而为身常，此谓十动。

十节：一曰虎游，二曰蝉附，三曰尺蠖，四曰麋
桷，五曰蝗磔，六曰猿据，七曰詹诸，八曰兔鹜，九
曰蜻蛉，十曰鱼嘬。

以上所谓"十动"的意思是阴茎插入阴道后，一次抽送十
下，共抽送100下。每抽送十下称为一动，一动不泄精会有什
么效果，二动不泄精会有什么效果……其大意和《十问》中的
"黄帝问于曹熬曰"差不多。"十节"是模仿动物活动姿态的
十种性交动作，一叫虎游，二叫蝉附，三叫尺蠖缘木，四叫獐
鹿角触，五叫蝗虫或凤凰展翅，六叫猿猴攀引，七叫蟾蜍，八
叫兔鹜，九叫蜻蛉，十叫鱼逐食饵。

3."十修"、"八动"

此书提出了包括男女性交的体位、频率、姿态、深浅等技
巧问题，同时很注意女方在性交过程中的表情与反应，这反映
了古代房中术的某些特点：

十修：一曰上之，二曰下之，三曰左之，四曰右

之，五曰疾之，六曰徐之，七曰希之，八曰数之，九曰浅之，十曰深之。

　　八动：一曰接手，二曰伸肘，三曰直踵，四曰侧钩，五曰上钩，六曰交股，七曰平踊，八曰振动。夫接手者，欲腹之附也；伸肘者，欲上之摩且距也；直踵者，深不及也；侧钩者，旁欲摩也；上钩者，欲下摩也；交股者，刺太过也；平踊者，欲浅也；振动者，欲人久持之也。

　　以上的大意是，所谓"十修"，一是刺摩女阴上方，二是刺摩女阴下方，三是刺摩女阴左边，四是刺摩女阴右边，五是动作要快，六是动作要慢，七是动作要稀少，八是动作要细密，九是刺入要浅，十是刺入要深。

　　《合阴阳》还提出所谓"十已"，即说明了男女双方性交的最后阶段的一些特征，提出了性交时的嗅觉问题，说明两千多年前的古人对男女交合的观察是相当细致而深入的。

　　从《合阴阳》的整个内容看来，不能不令人赞叹两千多年前的古人对性反应观察研究之精细。美国性学权威玛斯特斯和约翰逊于 20 世纪中期提出的性反应四周期的一些主要内容在我国两千多年前的《合阴阳》中已有主要叙述。

三、《天下至道谈》

本书出土时是竹简，和木简《杂禁方》合为一卷，《天下至道谈》在内，《杂禁方》在外。由于竹简中有"天下至道谈"之句，所以帛书整理小组取以为篇名。其主要内容是叙述了性保健的问题，也就是房中养生之道。

《天下至道谈》的有些内容和《十问》十分近似，且有些重复，如"黄帝问于左神曰：'阴阳九窍十二节俱产而独先死，何也？'"就和《十问》中的"尧问于舜曰"差不多。"一动耳目聪明，再动声音章……"等，学习动物动作而性交的"十势"都和《合阴阳》中所述的差不多。"八道"、"八观"和《合阴阳》中的"十修"、"八动"差不多。"五征"也和《合阴阳》中的"十已"差不多。

但是，《天下至道谈》中也有不少新的内容：

1.强调男女性交要掌握规律，要有节制，谨慎房事，男子要闭精守关

> 人生而所不学者二，一曰息，二曰食。非此二者，
> 无非学与服。故贰生者食也，损生者色也，是以圣人
> 合男女必有则也。

这就是说，人出生以后，有两件事是不学就会的，一是呼

吸，二是吃东西，此外就没有不通过学习与实践就会的事了。由于补益身体的是饮食，损害年寿的是色欲，所以懂得养生之道的人对待性生活必须按一定的法则去做。

> 神明之事，在于所闭，审操玉闭，神明将至。凡彼治身，务在积精。精赢（赢）必舍，精缺必补，补舍之时，精缺为之。为之合坐，阙尻鼻口，各当其时，忽往忽来，至精将失，慎用勿忘。勿困勿穷，筋骨凌强。踵以玉泉，食以芬芳，微出微入，待盈是常，三和气至，坚劲以强。将欲治之，必审其言，踵以玉闭，可以壹仙。

这一段的意思是，那神明的房事，关键在于闭精勿泄，如果能谨守闭精之道，神明的境界就会到来。凡是要保养身体，一定要积累精气，精气充盈时一定要泄泻，精气亏损时一定要滋补，补泄之法，应视精液消耗的情况采取具体的措施。主要做法是：男女合坐，臀部和大腿靠近，口鼻相对，在适当的时机进行交合，如果随意地想怎么样就怎么样、不按规律是不好的，那样就会耗损真精，所以要谨慎房事才对。不要困于房室之内，筋骨就会强健；要吞咽津液，多呼吸新鲜空气，呼吸时微出微入，待其盈满为度，三和之气来临后，身体就会强健有力了。如果要奉行强身健体之法，在性交前必须审慎地思考其节度，而且闭精勿泄，就可以得仙人的长生之道。

2. 重点指出了房事养生的注意事项，这就是著名的"七损八益"理论

气有八益，又有七损。不能用八益、去七损，则行年四十而阴气自半也，五十而起居衰，六十而耳目不聪明，七十下枯上脱，阴气不用，灌泣流出。今之复壮有道，去七损以振其病，用八益以贰其气，是故老者复壮，壮者不衰。君子居处安乐，饮食恣欲，皮腠曼密，气血充赢，身体轻利。疾使内，不能道，生病出汗喘息，中烦气乱；弗能治，生内热，饮药灼灸以致其气，服饵以辅其外。强用之，不能道，生痤肿睾；气血充赢，九窍不通，上下不用，生痤疽。故善用八益，去七损，五病者不作。

以上这段的意思是，精气的实虚补泄有七损和八益之分。如果不能作八益来去七损，那么人到了 40 岁，生理功能就会减半；到了 50 岁生活举止就呈老态；到了 60 岁视听功能下降；

到了70岁就下体干枯而上体虚脱，生殖功能就丧失，眼泪、鼻涕一起流出。现在要使人恢复健壮的办法，就是去七损以救治疾病，以八益来补益精气，于是老年人恢复健壮，壮年人不会衰老。有修养的人生活在安乐之中，能随意饮食以摄取营养，使皮肤肌理健美细腻，气血充盈旺盛，身体灵活轻便。如果急急忙忙地交合而不遵循一定的法度，会使人生病，出虚汗、呼吸喘促、心烦意乱，如果不能及时医治，就会产生内热之症，就要服药或用艾火熏炙以恢复元气，再服滋补之物以扶助体力。如果强力入房而不按规律办事，就会生痤疖或阴囊肿胀之类的疾病。如果气血充盈，九窍不通，上下四肢麻木，就将生痤疖和痈疽。所以，人如果善于用八益、除七损，以上所说的"阴气自半"、"起居衰"、"耳目不聪明"、"下枯上脱、灌泣流出"的五种体弱衰病现象就不会产生。

那么，什么是"八益"呢？

　　八益：一曰治气，二曰致沫，三曰知时，四曰蓄气，五曰和沫，六曰积气，七曰待赢，八曰定倾。

这一段的意思是，所谓八益，一是调治精气，二是吞下津液，三是知道交合的最佳时机，四是蓄养精气，五是调和阴液，六是聚积精气，七是保持满盈，八是防止阳痿。

关于如何运用"八益"《天下至道谈》提出：

治八益：旦起起坐，直脊，开尻，翕州，抑下之，曰治气；饮食，垂尻，直脊，翕州，通气焉，曰致沫；先戏两乐，交欲为之，曰知时；为而耎脊，翕州，抑下之，曰蓄气；为而勿亟勿数，出入和治，曰和沫；出卧，令人起之，怒释之，曰积气；几已，内脊，毋动，翕气，抑下之，静身须之，曰待赢；已而洒之，怒而舍之，曰定倾。此谓八益。

以上这一段是说如何运用"八益"：清晨起床打坐，伸直脊骨，放松臀部，收敛肛门，导气下行，这叫治气；吞服津液，垂直屁股如坐式，伸直脊背，收敛肛门，导气下行，通其精气，这叫致沫；男女双方先相互嬉戏而产生快感，性欲充分激发了才性交，这叫知时；性交时放松脊背，收敛肛门，导气下行，这叫蓄气；性交时不要急暴图快，抽送出入要轻柔，这叫和沫；从床上坐起，当阴茎还能勃起时就很快脱离交接，这叫积气；性交将要结束时，纳气运行于脊背，静止勿动，吸引天气，导气下行，静静地等待着，这叫待赢；性交结束时将余精洒尽，清洗阴部，当阴茎还能勃起时就坚决脱离性交，这叫定倾。这就是所谓"八益"。

那么，什么叫"七损"呢？

> 七损：为之而疾痛，日内闭；为之出汗，日外泄；
> 为之不已，日竭；臻欲之而不能，日弗；为之喘息中
> 乱，日烦；弗欲强之，日绝；为之臻疾，日费。此谓
> 七损。故善用八益，去七损，耳目聪明，身体轻利，
> 阴气益强，延年益寿，居处乐长。

以上意思是，性交时阴茎疼痛，叫内闭；性交时出汗多，
叫走泄精气；房事没有节制，叫精液耗竭；到了想性交时却不
能，叫阳痿；性交时喘息并心烦意乱，叫烦；女方无性交要求
时男方勉强她，对女方的身心健康很有害，叫绝；性交过于急
速图快，这就浪费精力。以上就是"七损"。所以善于用"八
益"而除"七损"的人会耳聪目明，身体灵活轻便，生理功能
日益增强，就能延年益寿，生活快乐长久。

3. 有些方面涉及性功能障碍

例如《天下至道谈》中分析阳痿的原因说："怒而不大者，
肌不至也；大而不坚者，筋不至也；坚而不热者，气不至也，
肌不至而用则遣，气不至而用则避，三者皆至，此谓三旨。"

以上这段话的意思是，阴茎勃起而不大，是因为肌气不至；阴茎涨大而不坚硬，是因为筋气不至；阴茎坚硬但不温热，是因为神气不至。肌气不至而性交就会发生阳痿，神气不至而性交就会发生回避的现象。只有三气一起来，叫"三至"，这才是真正适合性交的时机。

4.对女子的性反应作了较细的描述，这是本书一个很大的特点

> 五音：一曰喉息，二曰喘息，三曰累哀，四曰吹，
> 五曰啮。审察五音，以知其心；审察八动，以知其所
> 乐所通。

以上是说在性交过程中，女子因性快感而发出的五种声音：一是张口呼吸，二是急促地喘息，三是发出一种叹息声，四是呵气，五是亲吻咬啮。要仔细审听这五种声音，以了解女方的性心理反应，要了解"八动"，从而知道女方对性交的快乐和满意程度。

《天下至道谈》还对女子的性生理作了一些剖析：

> 一曰笄光，二曰封纪，三曰涧瓠，四曰鼠妇，五曰

谷实，六曰麦齿，七曰婴女，八曰反去，九曰何寓，十曰赤缴，十一曰赤豉九，十二曰噪石。得之而勿释，成死有薄，走理毛，置腰心，唇尽白，汗流至胭，无数以百。

以上这段一连列举了女性阴道十二个解剖部位的名称：一是阴道口或阴道前庭；二是大小阴唇；三是阴阜或阴道前庭；四是阴道口或阴蒂；五是谷实，也是指阴蒂；六是处女膜；七是阴道内后窟窿；八是阴道内左右窟窿；九是阴道内窟窿；十是阴道口或阴道窟窿；十一是阴道窟窿内子宫颈口，十二指阴道后窟窿与直肠子宫陷窝相接处。男女交合要能持久，但不要等阴茎萎缩再结束性交，否则对健康有害。要导气运行于皮肤肌理，进而至腰身和内脏，出现嘴唇发白，汗流至膝胭部位等性高潮反应。性交时阴茎抽送达到几百次，这个数字就算相当高了。

《天下至道谈》还对如何探索女子性反应的特点、照顾到这些特点来性交，作了比较精辟的论述：

人人有善者，不失女人，女人有之，善者独能。毋予毋治，毋作毋疑，必徐以久，必微以持，如已不已，女乃大怡。喉息，下咸吐阴光阳；喘息，气上相薄，自宫张；橐哀者，尻彼疾而动封纪；吠者，衔甘甚而痒乃始；啮者，身振寒，置已而久。是以雄牡属为阳，阳者外也；雌牝属为阴，阴者内也。凡牡之属摩表，凡牝之属摩里，此谓阴阳之数，牝牡之理。为之弗得，过在数已。嬲乐之要，务在迟久，苟能迟久，女乃大喜，亲之弟兄，爱之父母。凡能此道者，命曰天士。

以上这段的意思是，凡是善于性交的人，不在女子产生性兴奋前就进入性交，要待女子产生性兴奋后，再恰当地处理房事。在这个问题上，既不能犹豫也不能仓促从事，既不要过于兴奋也不要太迟疑。性交时应该动作轻缓而持久，动作幅度不要太大但能牢牢地把持住，如果持久到将停止而不停止的状态，女方就会十分愉快、满意。要张口呼吸，往下排出阴气，不断地充实阳气；喘促地呼吸，迫气上行，女子的阴户自动张开；发出哼哼的叹息声，臀部迅速摆动，表明阴户需要冲刺；向外呵气，是由于性交快乐、快感产生；女子主动地亲吻咬啮男子，身体抖动，是希望性交能够延长、持久。因此，凡雄性的属阳，阳主外；凡雌性的属阴，阴主内。雄性在性交时摩擦阳器的表部，雌性在性交时摩擦阴器的里部，这就是阴阳交合的法度、雌雄相配的道理。如果想交合而阳痿不举，问题在于房事过多过滥。男女相互作性嬉戏，使双方充分兴奋，性交才能持久。如果性交能持久，女方就会十分愉快、满意，对男方产生亲如弟兄、爱如父母那样的感情。如果能掌握以上这些方法，就算是能人了。

四、《养生方》、《杂疗方》和《胎产书》

在马王堆汉墓的出土文物中，还有一些帛书，其中有《养生方》、《杂疗方》和《胎产书》，也与房内生活密切相关。

《养生方》一开始就提出"老不起"，这显然是指阳痿这一男性性功能障碍，但由于下文全部残损，无法确知其意。它最后几段描写男女性生活，也有些残损，但大意还能了解，与《天下至道谈》大致相同，认为人必须蓄积精气，有精则生，无精气则死，性交时男子出现阳痿或是阴茎勃起但不坚硬，就是因为精气虚弱的缘故。饮食能滋补身体，而纵欲则损伤年寿，所以圣人主张男女交合必须遵循一定的法度，性交要有节制。性交时动作要舒缓，切忌粗暴急躁，要模仿许多动物的姿态作为性交方式，并要坚持做房中气功导引。此外，还要了解女子阴道的结构，性交动作的高、低、深、浅、左、右等都是很有讲究的。

《杂疗方》中有几段主要论述了男女性功能的补益。帛书也有破损，但大致内容还能够了解。例如，有一个叫"内加"

素女經一卷

黃帝問素女曰吾氣衰而不和心內不樂身常恐危將如
之何素女曰凡人之所以衰微者皆傷於陰陽交接之道
爾夫女之勝男猶水之勝火知行之如釜鼎能和五味以
成羹臛能知陰陽之道悉成五樂不知之者身命將夭何
得歡樂可不慎哉（入下同 醫心方廿）
素女曰有采女者妙得道術王使采女問彭祖延年益壽
之法彭祖曰愛精養神服食眾藥可得長生然不知交接
之道雖服藥無益也男女相成猶天地相生也天地得交
會之道故無終竟之限人失交絕之道故有夭折之漸能
避漸傷之事而得陰陽之術則不死之道也采女再拜曰

的药方，是用以补阳、治疗阳痿的。该方用桂枝、干姜、花
椒、皂荚等芳香辛温的药物粉碎后混合起来，用米汤和成丸
子，干了以后收藏在筒内，防止走泄药性。用时将药塞于男子
肚脐，等到阴茎能勃起时，即可将药去掉。

　　还有一类叫"约"的药方，看来是用来补益女子性功能的，

特别是用来治疗女子阴冷等病的。这个药方取巴豆、蛇床子、桂枝、干姜、皂荚等辛温药物粉碎后混合起来，用蜜或枣膏和成薏苡仁大小的丸药，塞入女子前阴，或用小囊装裹塞入阴道内，等到女子的性欲被激发后再取出来。

《胎产书》是关于怀孕、胎教和优生的论述。它假托禹和幼频两人相互问答来讨论孕胎等问题。幼频认为在月经去尽三天内性交可受孕，第一天性交得男，第二天性交则得女，这种说法显然不科学。至于书中提出的怀孕第一个月饮食要精美，不要食辛辣腥臭之物；怀孕第二个月要安静，避免性交，这些认识是符合现代科学观点的。它还认为，怀孕第三个月是关键，胎儿在成长，受母体和外界的影响很大，在这个时期孕妇要多见仪表端庄的君子和王公大人，避免接触奇形怪状的人，不要看沐猴，不要食兔肉。如果想生男孩，就要常弄弓箭和看公马、雄虎；如果想生女孩，就要常佩戴簪子、耳环及珠子之类的东西，这就叫作"内象成子"。

第五节　"外转内销"的中国性学古籍

由于中国近千年来实行性禁锢，因此不少性学古籍已经失传。除了文物考古有所发现外，有些中国的性学古籍却在外国的古籍中发现了，于是又传回中国，这真是"外转内销"。

有个日本人叫丹波康赖，在宋代初期到中国来，他热爱中华文化，把当时尚存世的一些房中术著作介绍到日本，于公元984年编入《医心方》一书，清末中国有人发现这些资料，带回中国。

清末民初有个学者叫叶德辉，值得记上一笔。他是湖南湘潭人，是一个史学家、藏书家、考证家、金石学家。他爱书如命，曾在书库中贴上纸条："老婆不借书不借"。他进行了大量古代性学书籍的整理、汇总、校订工作，出版了《双梅景闇丛书》，将《医心方》中已在中国失传的性学古籍编入，成为19世纪研究中国古代性文化的第一人，在这个科学领域作出了贡献。

不难推测，这些失而复现的性学古籍当时对道教起了重要作用。

一、《素女经》

据后人考证，《素女经》可能是在战国至两汉时期完成，并在魏晋六朝时期民间流传修改的。叶德辉在其所编《双梅景闇丛书》中说：

> 《隋书·经籍志·子部·医学类》有《素女秘道
> 经》一卷，注云：并《玄女经》又有《素女方》一卷。

新旧《唐志》均不著录，唯日本宽平中见在书目有《素女经》一卷，而无《玄女经》、《素女方》，疑其时合为一书，不复分列也。宽平当中国唐昭宗时，其时彼国赍书之使，络绎于道途，故五代乱后亡书，彼国皆有传者，此经虽未有刊本，而载在彼国永观二年丹波康赖所撰《医心方》廿八卷中，首尾贯通，似是完帙。永观二年为宋太宗雍熙元年，去唐未远，其中所采《玉房秘诀》、《玉房指要》、《洞玄子》并此经皆言房中之事；又载《养阴》、《养阳》诸篇，大抵汉、隋两志中，故书旧文，十得八九。

以上叙述的意思是，《素女经》一书，在《隋书》中还提到过，宋以后就没有见到。但那时中国和日本的文化交流十分密切，日本在宽平年代的书目中却提到这本书，而日本的宽平年代正值中国的唐昭宗时代，时为公元889年至904年之间，看来是那时传至日本的。以后，在日本永观二年，相当于我国宋太宗雍熙元年，即公元984年，丹波康赖编了《医心方》28卷，载有《素女经》，我们今日所见的《素女经》正是由此而来。

素女是古代文献中一再记载的一位性爱女神，传说她在公元前 21 世纪的远古黄帝神话时代就经常和黄帝讨论男女如何性交。有关素女的传说并不完全相同，有的传说她是个音乐之神，如《史记·封禅书》说："太帝使素女鼓五十弦瑟。"扬雄《太玄赋》说："听素女之清声兮，观宓妃之妙曲。"但是，以后的传说变了，到了战国时代传说素女擅长阴阳交合之道，如《吴越春秋·勾践伐吴外传》云："越王还于吴，当归，而问于范蠡曰：'何子言之，其合于天？'范蠡曰：'此素女之道，一言即合。'"到了汉朝，也说她是一个熟悉男女性交之神，如《论衡·命义》说："素女对黄帝陈五女之法，非徒伤父母之身，乃又贼男女之性。"由此可见，素女成为性爱女神，主要出现并流传于战国至两汉时期。

《素女经》有关性的理论观点主要有：

1. 强调性交和人的身体强弱是互相影响的

《素女经》第一段开宗明义就是："黄帝问素女曰：'吾气衰而不和，心内不乐，身常恐危，将如之何？'素女曰：'凡人之所以衰微者，皆伤于阴阳交接之道尔。夫女之胜男，犹水之胜火，知行之如破釜鼎能和五味，以成羹胜，能知阴阳之道，悉成五乐。不知之者，身命将夭，何得欢乐，可不慎哉！'"这就是说，讲求正确的性交很重要，如果做得不得法，会使人身体衰弱，甚至丧失性命，对此要慎重。

2. 提出了初步的优生道理

强调"爱乐"是两性交合的目的，也是为了要生育"贤良而长寿"的子女。首先提出"避九殃"，即在九种情况下不应性交，这"九殃"中，第九种禁忌是认为酗酒之后不宜性交，否则生子多残病，是有科学道理的，其他"八殃"只是反映了古人对性交禁忌的风俗观。《素女经》中提出的房中禁忌还有"新远行，疲倦，大喜怒，皆不可合阴阳；至丈夫衰忌之年，不可妄施精"，也有一定的道理。

3. 提出了如何容易怀孕

素女曰："求子法，自有常体：清心远虑，安定其衿袍，垂虚斋戒，以妇人月经后三日，夜半之后，鸡鸣之前，嬉戏令女盛动，乃往从之，适其道理，同其快乐，却身施泻，勿过远至麦齿（指阴道内一寸处），远则过子门，不入子户，若依道术，有子贤良而老寿也。"

4. 提出了后世道家大力倡导的所谓"延年益寿"之法，即巩固精关、"莫数泻精"

《素女经》中叙述："黄帝问：'愿闻动而不施，其效何如？'素女曰：'一动不泻，则气力强；再动不泻，耳目聪明；三动不泻，众病消亡；四动不泻，五神咸安；五动不泻，血脉充长；六动不泻，腰背坚强；七动不泻，尻股益力；八动不泻，身体生光；九动不泻，寿命未央；十动不泻，通于神明。'"这里，强调了男子性交而不射精的许多大好处，甚至提出十动不泻可"通于神明"，但是，这种理论与做法，并不为现代科学所提倡。

5.《素女经》有些方面还涉及心理

它强调男子在性交时应有自信心，要破除现代性科学所提出的"操作焦虑"[①]。素女曰："御敌家，当视敌如瓦石，自视如金玉，若其精动，当疾去其乡，御女当如朽索御奔马，如临深坑，下有刃，恐堕其中，若能爱精，命亦不穷也。"这里在进一步提出男子应"爱精"的同时，还提出男子应有一股强悍之气，"视敌如瓦石"，坚决而勇往直前，自信地性交。

6.提出了性交应该使男女双方同享快感，共同受益

在当时，这实在是了不起的思想。《素女经》强调男女双方必须先有"爱乐"然后行，做到"相感而相应"。这些观点之所以了不起，不仅因为这是一种科学的性生理和性心理规律的反映，还因为它体现出一种男女平等的思想，承认女性的权

---

① "操作焦虑"指性交时的一些不必要的担心与怀疑，如怀疑自己性功能有没有问题，能否令对方满意，是否伤身体，自己的阴茎是否太小，等等。这种焦虑多无根据。这种消极心理会影响性功能的发挥。

利，在性交时男方必须考虑与照顾女方，要"情意合同，俱有爱心"，而不能只图自己一时之快。这种思想在男子统治与压迫女子的社会条件下是十分难能可贵的。当代世界性学权威、美国的约翰逊与玛斯特斯博士在 20 世纪 60 年代提出了性交性反应的四周期理论①，其中就提出应该有"性前戏"，使夫妻双方同时达到性兴奋，然后再进入性交；在性交过程中，双方（主要是男方）应尽量争取使双方的性高潮同步等。这些基本思想在中国两千多年前的《素女经》中就已见端倪了。

7. 提出了性交频率的问题

> 黄帝问素女曰："道要不欲失精，宜爱液者也，即欲求子，何可不泻？"素女曰："人有强弱，年有老壮，各随其气力，不欲强快，强快即有所损，故男年十五，盛者可一日再施，虚者可一日一施；年二十，盛者日再施，羸者可一日一施；年三十，盛者可一日一施，劣者二日一施；年四十，盛者三日一施，虚者四日一施；年五十，盛者可五日一施，虚者可十日一施；年六十，盛者十日一施，虚者二十日一施；年

---

① 即兴奋期、持续期、性高潮期、消退期。完美的夫妻性生活必须经历这四个阶段，缺一不可。

七十，盛者可三十日一施，虚者不泻。"

《素女经》对男子性交时的泄精次数，也有一些提法："素
女曰：'人年二十者，四日一泄；年卅者八日一泄；年四十者
十六日一泄；年五十者廿日一泄；年六十者，即毕，闭精勿复更
泄也，若体力犹壮者，一月一泄。若年过六十，而有数旬不得交
接，意中平平者，可闭精勿泄也。'"以上这些论述都没有把问
题看得绝对化，而是以年龄和身体强弱为转移，这是正确的。即
使男子要惜精如玉，也要视年龄、体质而定，不要绝对化。这些
观点对汉、唐时民间的性认识、性习俗影响很大，唐代白行简的
《天地阴阳交欢大乐赋》可能也是在这个基础上产生的。

8. 提出了性交的不同体位和方法，即所谓"九法"

它是模仿动物的姿势与动作而定名的，如龙翻、虎步、猿
搏、蝉附、龟腾、凤翔、兔吮毫、鱼接鳞、鹤交颈。后世有不
少性雕塑反映了以上内容。

由以上所述可以看到，《素女经》中包含不少朴素的、可
贵的性科学理论观点，是我国汉、唐以前性科学理论的总结，
它产生在两千多年前，实属不易。它对后世影响很大，隋、唐
之际民间有在结婚时男女双方共读《素女经》的风俗，似乎它
又起到了婚前性教育教科书的作用。清人叶德辉在《双梅景闇

丛书》的《新刊素女经·序》中说："今远西言卫生学者，皆于饮食男女之故，推究隐微，译出新书，如生殖器、男女交合、新论婚姻卫生学，无知之夫诧为鸿宝，殊不知中国圣帝神君之胄，此学已讲求于四千年以前。"今人对此也会有类似感觉。

二、《素女方》

《素女方》最早见载于公元 656 年问世的《隋书·经籍志》中，作者不详。详细内容载于唐代名医王焘所著《外台秘要》17卷中，后经叶德辉辑入《双梅景闇丛书》。房中术除了阐述性的生理、心理、性技巧等内容之外，也常常附有一些性治疗方面的药方，这些药方主要是针对房事所伤引起的性功能障碍，因此具有补益、壮阳等功效。在《素女方》中首先列举了违反房中禁忌所引起的称为"五劳七伤"的种种病症，这七伤为：阴汗、阴衰、精清、精少、阴下湿痒、小便数少、阴痿行事不遂。在治疗方面提出以茯苓为主要药物，然后根据春、夏、秋、冬不同季节分别加用不同药物，配成不同的方剂，如春三月用更生丸，夏三月用补肾茯苓丸，秋三月用另一配方的补肾茯苓丸，冬三月用垂命茯苓丸。此外还有四时可服、不避寒暑但能久服、长生延年、老而更壮的补养药茯苓散，这也是一种壮阳的药方。

三、《洞玄子》

《洞玄子》在隋唐史书中都不见记载，唐人白行简所著《天地阴阳交欢大乐赋》中首次出现《洞玄子》名，这部书比较详细地讨论了性技巧。文章开头阐述了性是一种自然现象，因此性交必须掌握自然规律，"若男摇而女不应，女动而男不从，非直损于男子，亦乃害于女人"，强调了性生活和谐的重要性；接着又用较多的篇幅介绍了在正式性交之前应做的准备工作，包括拥抱、接吻、爱抚等一系列现代性科学所主张的性前戏技巧，等到女性充分动情之后，才可正式性交；也描述了女性在情欲高潮时出现的"欲仙欲死，乞性乞命"的神态，主张男性在射精之后，阴茎立即退出，"不可死还，必须生返"。《洞玄子》还着重介绍了性交姿势，在房中术专著《合阴阳方》中提出了"十节"，《素女经》中有"九法"，而《洞玄子》在此基础上提出"三十法"，各有相应的名称和操作办法，在当时已是集性交姿势之大成。书中还特别提出男女性高潮要同步："凡欲泄精之时，必须候女快，与精一时同泄。"这不仅是一种方法，也反映了尊重女性性权利的伦理思想。书中关于女性月经干净后"一、三日行房生男"、"四、五日行房生女"、"五日后行房不能生育"的观点是不符合现代性科学理论的，但有关胎教的论述却较有特色，至今仍有实用价值。书中还列出了"秃鸡散"、"鹿角散"等治疗阳痿的药方，以及追求性交乐趣的"长阴方"和"疗妇人阴宽冷急小交接而快方"，但对此药方的作用有人存疑。

四、《玉房秘诀》

《玉房秘诀》也是中国古代一部重要的性学著作，书名最早见于公元 656 年问世的《隋书·经籍志》，未提作者。公元 945 年成书的《旧唐书·经籍志》中提到《房秘录诀》八卷，冲和子撰，可能是同书异名。成书于公元 1060 年的《新唐书·艺文志·子部·医术类》中有《冲和子玉房秘诀》十卷。书中重复记载了《素女经》中多交少泄的观念，指出："欲行阴阳，取气养生之道不可以一女为之……多多益善。"但与其他书不同的是，书中提出女性也可以修习房中术以达到长生的目的："非徒阳可养也，阴亦宜然。"其方法是"与童男交"。书中详细讨论了因为性交引起的病症和用性交加以治疗的方法，也介绍了通过性交达到养生目的的"令耳之不聋法"、"调五脏消食疗百病之道"，还论述了违反性交禁忌给生育带来的危害和求子之法。书中还介绍了性交对象的选择，提出 17 种人"不御"（不与性交）；还介绍了"男子阳痿"、"令男子阴大"、"治妇人初交伤痛"和"女人阴肿痛"的四个处方。

第二章

《易经》与八卦

这个时期还有一些有名的古籍，虽非直接的房中术著作，但是也述及一些性内容，对道家理论影响很大，这主要是《易经》，其中重点阐述的八卦以后成为道家文化的重要标志与符号。

《易经》来自《周易》。《周易》是在三千多年前的西周由伏羲、文王、周公、孔子四圣而完成的，即伏羲创八卦，文王作卦辞，周公著爻辞，孔子撰《易传》。《周易》由《易经》和《易传》两部分组成，是我国古代自然科学与社会科学相结合的一部巨著，它探讨宇宙系统、地球生物系统、人类系统与个体世界系统的发展规律，其内容涉及天文、气象、物理、数学、医学、性学、军事、气功等，在我国及全世界都影响深远，至今全世界还有不少人在研究、探索这部千古奇著。

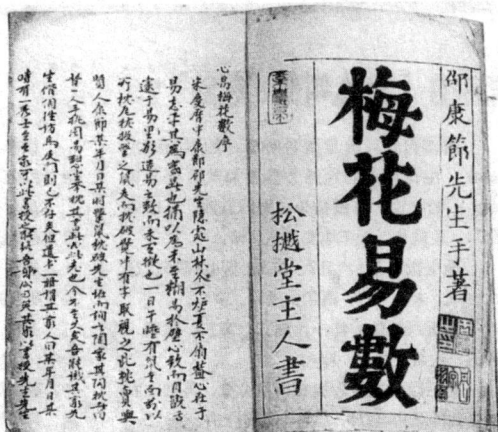

△ 彭祖庙前的八卦图 ────────────────────

第一节 《易经》与性文化

据研究，《易经》和将其内容数字化、图像化的八卦与中国古代性文化有密切关系。1923 年著名学者钱玄同发表了一个惊人的看法："我以为原始的易卦，是生殖器崇拜时代的东西：'乾''坤'二卦即是两性底生殖器底记号。"[①] 1927 年

──────────

① 《古史辨》（第一册），上海古籍出版社 1982 年版，第 77 页。

历史学家周予同也发表了相同的见解："《易》——就是最明显的生殖器崇拜时代的符号。——表示男性的性器官"，"- - 表示女性的性器官。"[①] 1928 年，郭沫若对此作进一步阐述，他认为："八卦的根柢我们很鲜明地可以看出是古代生殖器崇拜的孑遗。画——以像男根，分而为二以像女阴，所以由此而演出男女、父母、阴阳、刚柔、天地的观念。古人数字的观念，以三为最多，三为最神秘。由一阴一阳的一画错综重叠而成三，刚好可以得出八种不同形式。"[②] 可见，阴阳观念是由牝牡这些性器官引发的，而对性器官的重视又直接同人类古老的性崇拜的风俗相联系。

以《易经》为代表的阴阳文化，系统地体现了生殖文化与性文化。《周易》在阐述阴阳变化万物的哲学观念时，性器官和性行为的术语仍然是具有重要意义的可感之物，深刻地反映着性文化的内容，例如：

男女构精，万物化生。[③]

夫乾，其静也专，其动也直，是以大生焉。夫坤，

---

① 《周予同经学史论著选集》，上海人民出版社 1983 年版，第 86 页。
② 《郭沫若全集·历史编》（第一卷），人民出版社 1982 年版，第 33 页。
③ 《周易·系辞》。

其静也翕，其动也辟，是以广生焉。①

　　云行雨施，品物流形。②

　　天地感而万物化生。③

　　天地不交而万物不兴。④

　　以上所说的"动也直"、"动也辟"、"云"、"雨"、"感"、"交"等都是男女性交的术语。《易经》通过对性交的描写，以赞美宇宙生成万物的伟大，把两性的交媾推至天地交合的广阔领域，并把对人的性行为的赞颂普及到对社会、政治、道德的产生与运动的赞颂。《周易·系辞》云："生生之谓易。"这就是说，生生不已的生殖运动构成了《易经》的根本思想，这一重视生命延续的思想对后来的中国文化的影响是极其深远的。周予同曾说："儒家的意见，以为万物的化生、人类的蕃（繁）衍，完全在于生殖，倘若生殖一旦停止，则一切毁灭，那时无所谓社会，也无所谓宇宙，更无所谓讨论宇宙原理或人类法则的哲学了，所以生殖或者性交，在儒家认为是

---

① 《周易·系辞》。

② 《周易·乾·彖》。

③ 《周易·咸·彖》。

④ 《周易·归妹·彖》。

最伟大最神圣的工作。"①

　　研究表明，道家最根本的思想同样发生于性崇拜。如前所述，老子说过的"玄牝之门，是谓天地根"，"大邦者下流，天下之牝，天下之交也。牝常以静胜牡，以静为下。"② 显然是从女阴的生育功能引申出天地的起源，又从男女交合引申出人生思想上的无为守柔、致虚守静。这也说明，《易经》中的阴阳二元论和太极一元论其实都源于性崇拜。因为，既然生殖行为源于男女双方交合，那么在被拟人化的无生命世界也一定存在着双方既对立又统一的相互作用的原因，于是由此演绎出天地、刚柔、父母等一系列的对立统一观念，而阴阳正是这一系列观念的归纳与概括。

　　这样，由《易经》中的生殖崇拜所引发的文化就出现了两方面的特征，首先是对祖先神灵的敬畏，儒家不信鬼神，却对祖先格外敬重，原因就在于此。其次，由男女相交导致了二元思维，从而把性文化推向了更为深刻的阴阳文化，▬▬（阳）与▬ ▬（阴）虽然具有代表性器官的原始意义，但是当它们上升到文化阶段，则已经摒弃了具体的物象而进入抽象的哲学思辨深度了。

---

① 《周予同经学史论著选集》，上海人民出版社1983年版，第78页。
② 《老子》第六十一章。

第二节　八卦中的性内容

《易经》、八卦中的阴阳符号是男女生殖器的形象抽取和意会象征的综合符号。这绝不是仅以八卦的外形来简单地比拟男女两性的性器官，而是因为《易经》、八卦中确实包含了相当深刻的性内容。

推崇性的决定作用，是《易经》的一个根本观念。过去西方一些学者认为，人是由上帝造的，然而《周易·归妹》云："归妹，天地之大义也。天地不交而万物不兴，归妹，人之终始也。"这就是说，婚嫁，是天地之间最正常的事情，天地不交合，就不会生长万物；男女不婚嫁，就不能传宗接代。《周易·系辞》认为："男女构精，万物化生。"这就是说男女两性的结合、交媾是万物生长、人类繁衍的根源，这就肯定了只有宇宙间天地、阴阳、男女两种对立因素的交合作用，才能从事新的创造活动，否则，纯阳、纯阴、纯男、纯女都不足以生产新的生命。

不仅《易经》的根本观点如此，其各卦也有不少有关性的内容，即以其中《上经》、《下经》的第一篇——"乾卦"、"咸卦"为例：

《乾》：元，亨，利，贞。

初九：潜龙，勿用。

九二：见龙在田，利见大人。

九三：君子终日乾乾，夕惕，若厉，无咎。

九四：或跃在渊，无咎。

九五：飞龙在天，利见大人。

上九：亢龙，有悔。

用九：见群龙无首，吉。

对以上"乾卦"的白话翻译是：

《男性卦》：是好的开始，可发展，繁荣，结果。

九在最下面一行：龙潜于水，不要行动。

九在倒数第二行：见到龙出现于田野，有利于去见大人先生。

九在倒数第三行：君子在白天努力，在晚上努力，这样好好干，就没错。

九在倒数第四行：龙在渊中跃动了，没错。

九在第二行：龙飞上天了，有利于去见大人先生。

九在第一行：龙飞在天上，过于高了，要后悔。

九外一章：见到许多龙没有为首的，是吉象。

以上这个"乾卦"是男性卦，它的象形是"▬▬"，即男

根。由于是男性卦，所以一派阳刚之气，龙来龙去的。而"咸卦"就不同了：

《咸》：亨，利，贞，取女吉。

初六：咸其拇。

六二：咸其腓。凶，居吉。

九三：咸其股，执其随，往吝。

九四：贞吉，悔亡，憧憧往来，朋，从尔思。

九五：咸其脢，无悔。

上六：咸其辅、颊、舌。

对以上"咸卦"的白话翻译是：

《感应卦》：可发展、繁荣、结果，娶个女人，是吉象。

六在最下面一行：碰她的大脚趾。

六在倒数第二行：碰她的小腿，不好，不动才好。

九在倒数第三行：碰她的大腿，她用手推开他的脚，再下去就不好了。

九在第三行：不动就好，动了就糟了，内心忐忑，朋友，照你所想的去做。

九在第二行：抱住她的背，不要后悔。

六在第一行：吻她的嘴唇，亲她的脸颊，舐她的舌头。

以上这个"咸卦"是女性卦，它的象形是 ☶☷，中空，即女阴。以上这个卦是典型的性交卦，阐明了性交前的调情动作，还有女上男下的性交体位。潘光旦认为，这一段文字与其说是描写性交的本身，毋宁说是描写性交的准备。所谓"咸其拇"，"咸其腓"，"咸其股，执其随"，"咸其脢"，"咸其辅、颊、舌"，都是一些准备性的性戏耍，并且自外而内，步骤分明。[1] 不论怎么说，《易经》中竟有这样的内容，真令人惊叹。

第三节　阴阳互补

当然，也不应该因为《易经》中有了一些性内容就把它视为一本性书。它是一本具有很深哲理的著作，它把男女两性视为自然的一部分，以男女两性的相交来联系自然，重点阐述自然与人变化（"易者，变也"）的原理。它将自然界被动的力量称为"阴"，将主动的力量称为"阳"，并描述阴阳如何交互作用而推动"气"，沿着至高无上的自然法则来进行。一阴和一阳间的交互作用叫作"道"，作用所产生的生生不息过程叫作"易"（变化）。

按照这种理论，阴阳是彼此相反而互补的两种力量，相克相生。在自然现象中，月亮与冬天属于阴，太阳与夏天属于阳；对人类来说，女人属于阴，男人属于阳，阴阳需要互补。这就是所谓"刚柔相摩，屈伸相感而利生焉"。这都是强调阴阳结合、阴阳互补，男女要"相摩"、"相感"，这样才能"利生"，无论缺了哪一方都是不行的。

---

① 霭埋士：《性心理学》潘光旦译注，三联书店 1987 年版，第 469 页。

在《易经·说卦》中说：

乾（☰）天也，故称乎父；

坤（☷）地也，故称乎母。

震（☳）一索而得男，故谓之长男；

巽（☴）一索而得女，故谓之长女。

坎（☵）再索而得男，故谓之中男；

离（☲）再索而得女，故谓之中女。

艮（☶）三索而得男，故谓之少男；

兑（☱）三索而得女，故谓之少女。

以上原理显示，人们如果要快乐、长寿，必须效法自然，使自己生命中的阴阳两种成分像自然界一样和谐地交互作用；同时借阴阳（男女）的接触，彼此吸取，从而强化这两种成分。

因此，男女的性交不仅是单纯的欲望发泄，更是阴阳两种宇宙力量在人类身上的具体展现。天地相交而生万物，男女交合而生子女。在我国古代的文学用语中，惯以"云雨"来形容性交，性交如同从地上升起的"云"和从天上落下的"雨"会合一样。

以后，《易经》和八卦的这些原理被道家发挥，并成为以后房中术的理论基础。例如，认为男女性交是"阴精"（女性

取坎填离图

取出坎中画补离还复乾
纯阳命本固灵砂性珠圆
克念全天理离尘合上穹
探铅知下手三婴舞胎仙

阳丹结在阴海中犹如坎里一爻雄
娇来离内温温养此即神仙颠倒功

坎象来填
离补成乾
天地定位
返本还元

阴道的分泌物）和"阳精"（男性的精液）相结合。"阴精"是无限的，而"阳精"有限所以更珍贵。男子要吸取"阴精"来滋补自己，所以要"守精闭关"、"御而不泄"；男子还要多改变性交对象，多得滋补，如果一直和同一女子性交，她的阴气就会越来越弱，对双方都不好。

△ 易经（邮票）

　　有的学者认为，古代流传至今的六十四卦衍生图也是先民的群合图。一阴一阳的交合，如 ☳ 和 ☶，可视为一男一女的交合，只不过有上主动下被动的不同而已。两阳交合 ☰ 可视为男同性恋行为，两阴相交 ☷ 可视为女同性恋行为，而这些同性恋行为是肯定存在于原始初民之中的。至于一男多女或一女多男的媾合，或多男多女的媾合，都可以视为在人类创造了文字以前对群婚与杂交的记载。以上这些看法并不是生拉硬扯的，因为：第一，卦图中的图像可以使人作这种解释，而且与人类的婚姻进化历程相符合；第二，在《易经》中，屡屡出现如"二女同居，其志不相得"（革、彖），"二女同居，其志不同行"（睽、彖），"垢（姤），女壮，勿用取女"，以及"孤阴不生，独阳不长"等对卦的解释词，可见前人也有这种理解。

在原始社会，初民已逐渐认识到性的重要影响与作用，尤其是一些长者与管理者对此进行了长期的观察、探索，根据当时的生产力发展水平、认识水平、伦理观念和行为规范来观察、认识和分析男女性交的原则，推测各种性交状态在人口再生产、人体健康、获得快乐以及权力运作等方面的意义和可能的结果。迄今这种观察和研究所留下的最早的符号记载就是八卦图。

第四节　八卦和婚姻、妇女

八卦的基本思想是阴阳二元交合。"天地，万物化醇，男女构精，万物化生"是观察与解释性和人类以及宇宙运作的基本出发点。八卦的不同叠加方式又成为六十四卦，在六十四卦中，陈顾远的《中国婚姻史》中列举了咸、蒙、泰、革、姤、屯、贲、睽、兑、渐、家人、恒等十二卦涉及性与婚姻。在六十四卦中还有乾、坤、小畜、随、剥、大过、归妹等卦也涉及性与婚姻。郭沫若的《中国古代社会研究·家族关系》中也引证了小畜、大过、睽、渐、屯、贲、晋、蒙、咸、姤、鼎、泰、归妹、蛊等卦涉及性与婚姻问题。

如前所述，如果把六十四卦中每一阴爻或阳爻视为一男女，则显示了群婚杂交时代的性与婚姻状态。如果把上卦及下卦各视为一个人，则显示了两个异性或同性间的交合。许多古人以八卦来指导择偶与婚姻。当然，如果用基于占卜时的偶然性得到的卦象来作为择偶并预测婚姻生活前景的重要方法，那是十分荒谬的。但是，如果把不同性别、年龄、认知、人格和自我意识等双方的心理因素概括为阴阳、内外、上下及当位与不当位等可资比较的数，再画成双方各自的卦图，再根据双方各自在家庭、婚姻中实际扮演的角色来确定孰为上卦或下卦来分析、判断，可能还有一定的研究价值。

因为各人的环境因素、心理因素等主客观条件对男女双方的心理是否相容、将来的婚姻生活是否和谐是有很大影响的，如果把这些条件概括成为可资度量和比较的数作分析研究，并据此推测人们婚姻生活的前景，也可能是有一定道理的。

在《易经》里，对封建社会的所谓男女大伦，也提出了一

◁ 上清宫的八卦图（江西龙虎山）

些看法。例如，"有天地，然后有万物。有万物，然后有男女。有男女，然后有夫妇。有夫妇，然后有父子。有父子，然后有君臣。有君臣，然后有上下。有上下，然后礼义有所措。"这里，就把"天地—万物—男女—夫妇—父子—君臣—上下—礼义"一环套一环地连在一起，把一整套封建秩序与天地万物连在一起，从而证明它是天生的、不可违背的，而男女、夫妇关系又是封建秩序的一个重要环节、一个组成部分。

《易经》产生的时代，正是我国母系社会过渡到父系社会的时代，在这个时代，男女的伦常关系起了很大变化，由女性崇拜转变为男尊女卑，这种变化在《易经》与八卦中留下很多痕迹。

八卦中有不少尊女性、重母统的内容。例如"归藏"六十四卦始于纯阴的坤，纯阳的乾次之，表明殷时尚重母统、情感关系和母系血缘关系，即"殷道亲亲"。但是，《易经》六十四卦始于乾，坤次之，这表明周时父系社会已战胜了母系社会，那时尊崇父统、男权和父子继承，即"周道尊尊"。所以，"坤乾"六十四卦显示了女尊男卑，"乾坤"六十四卦显示了男尊女卑。

分析卦位，以上位为尊贵，下位为卑贱。如对一男一女的结合，有许多卦是女尊男卑位时，其卦名有积极意味，如泰、复、谦、益、大有、咸等。未济卦也是指万物不可有穷尽，天道循环不已，人事也无穷尽。反之，男尊女卑位的许多卦却各有消极意味，如否、姤、履、归妹、剥、损等。此外，未济卦还谈到，盛极必衰为不可避免之必然。

如果再对咸卦作分析，除了如前所述的描写男女交合的意义外，还可以看出两层意思：一是在女尊男卑社会的婚姻与性关系上，女性积极主动被认为是好事，女性居尊上位是好的；二是咸卦也显示女上男下的性交方式是好的。反之，艮上兑下的损卦，则显示出男子以尊上的积极态度与女子婚媾，会造成损害与减少，这反映出在母系社会中认为男子在婚姻与性关系中居上尊位并非好事。

以上内容反映出母系社会遗留的观念与风俗，但是从《易经》与八卦中也可以明显地看出在新兴的男权社会中女子处于从属地位的观念变化。《易经·坤卦》说，坤是"地道也，妻道也，臣道也"。不难推断，乾是"天道也，父道也，君道也"。由此可见，它认为男与夫与君应该处于尊贵的地位，以刚健为吉；女与妻与臣应该处于卑贱的地位，以柔顺为吉。又如《恒·六五》指出："恒其德，贞，妇人吉，夫子凶。"《象》传的解释：妇人要"从一而终"（这未必是周初人的广泛观念，但《易经》作者会有这种看法），所以"恒其德"是吉；男子要因事制宜，所以"恒其德"是凶，这也反映出古人重男轻女的观点。

第五节　对性关系的预测

在传统文化中，往往是糟粕与精华并存，既有迷信的方面，也有科学的成分，不能一概而论。《易经》在某些方面的预测可能有一些道理，但是不等于它在一切方面的预测都有道理。对于古人来说，《易经》是一部筮书。筮是人们要预知人事吉凶、向天神请示的一种方术。那时的人们在打仗、嫁娶、筑屋、迁居等许多大事上都要预卜凶吉，以定行动。因此，《易经》、八卦在指引人们如何处理性关系方面也起到一定作用，当然，这种作用是需要分析、研究的。例如：《左传·昭公元年》："晋侯求医于秦，秦伯使医和视之，曰：'疾不可为也，是谓近女室，疾如蛊。……'赵孟曰：'何谓蛊？'对曰：'淫溺惑乱之所生也。于文，皿虫为蛊；谷之飞亦为蛊；在《易经》，女惑男、风落山谓之蛊，皆同物也。'"这是医和引用《易经》中"蛊"卦来解释蛊疾，所谓蛊疾是精神错乱的病。医和先解释蛊字的含义，食器里生虫子叫作蛊，庄稼生虫子也叫作蛊。① 他又解释"蛊"卦的卦象，"蛊"卦是上艮下巽，艮为山，巽为风，"蛊"卦是风吹落山木之象；同时，艮为少男，巽为长女，因此"蛊"卦又是女惑男之象，所以说在《易经》中"女惑男、风落山谓之蛊"。

又如《左传·襄公二十五年》："齐棠公之妻，东郭偃之姊也。东郭偃臣崔武子。棠公死，偃御武子以吊焉，见棠姜而美之，使偃取之。偃曰：'男女辨姓，今君出自丁，臣出自桓，不可。'武子筮之，遇《困》☱☵之《大过》☱☴。史皆曰：'吉。'示陈文子，文子曰：'夫从风，风陨妻，不可娶也。且其《繇》曰："困于石，据于蒺藜，入于其宫，不见其妻，凶。"困于石，往不济也；据于蒺藜，所恃伤也；入于其宫，不见其妻，凶，无所归也。'崔子曰：'嫠也，何害！先夫当之矣。'遂取之。"

这就是说，崔武子（崔杼）要娶棠姜，用《易经》占了一卦，遇到"困"卦，第三爻由阴变阳，便成《大过》卦。史官都认为吉，但陈文子认为不吉，因为"困"卦是上兑下坎，依《说卦》："兑为少女，坎为中男"，少女是妻，中男是夫，有夫妻相配之象，所以史官认为吉，正是根据此象。但是变为

---

① "谷之飞"的"飞"当为虫。《左传·隐公元年》："有蜚不为灾。"孔疏引《本草》曰："蜚，厉虫也。"

"大过"，则是上兑下巽，"困"卦的坎变为巽，是夫变为风，上兑下巽的"大过"是风吹掉其妻，所以陈文子说："夫从风，风陨妻，不可娶也。"这是根据卦象来论断吉凶。其次，陈文子又引《六三》爻辞而加以解释："困于石，往不济也；据于蒺藜，所恃伤也；入于其宫，不见其妻，凶，无所归也。"这是说，人走路，竟被石头绊倒，前进也无益处；绊倒而两手抓在蒺藜上，是受到所依靠者的伤害；像这样，回到家中，将要看不见妻子，人亡家破，无可归宿。

第三章

道家与妇女

天地分阴阳，人类分男女，性文化不仅包含男女交合，而且包含男女双方的相互关系、作用和社会地位，从这方面可以十分明显地反映出社会、观念的变化，反映出不同的时代特征。在这个问题上，道家文化一直居于时代的前列。

第一节　女神崇拜

性崇拜是人类对性探索认识之始，也是性文化的开端。人和动物都要通过雌雄交配以繁衍后代，这是一种本能。动物交配是仅仅凭本能而行的，而人类的性活动除了本能而外，还有性是什么、为什么会产生那么大的性愉悦、怎么做才能最快乐等心理活动，这就是性文化的产生。虽然这些认识在产生之始是那么粗浅和愚昧，但它总归是人类文化的最初阶段，是人类

△ 老母宫（甘肃）

走向文明进步的第一步。

性崇拜就是性文化的第一步。原始人常常惊讶于为什么男女性交会产生"欲仙欲死，乞性乞命"的快乐，为什么从女人腹中会钻出一个新的生命来，但是从当时的科学发展水平来看他们不可能对这些问题得出一个正确的答案，于是就归结为有神灵在，从而对性加以崇拜。

性崇拜表现在许多方面，如生殖崇拜、生殖器崇拜和性交崇拜。由于生殖和女性有密切关系（当时人们还不了解男性在人类生殖过程中的作用），所以又衍生出女性崇拜、母亲崇拜等。世界各民族在古代都有不少女神像，这些塑像都是裸露双乳、腹部隆起，借以歌颂女性生育的功劳。在世界上保存至今的最古老的女神陶塑叫"维伦多夫的维纳斯"，已经有两万六千年了，现存于维也纳自然史博物馆。

但是，自从人类历史从母系社会进入到父系社会以后，男女的社会地位就来了个大颠倒，妇女从被社会尊崇成为被男子统治和压迫的附庸，女子变成男子发泄性欲的工具、家务劳动的工具、生儿育女的工具。父系社会取代了母系社会当然是人类历史的一大进步，但是在历史巨大进步的同时也总是伴随着一些退步，歧视妇女就是历史退步的一个重要方面。因此，以后许多民族的社会改革和文化发展的运动往往都是以解放妇女为主要内容之一的。

在中国历史上，在进入父系社会、男权社会以后，尊崇女性、反对歧视妇女的文化传统主要是在道家文化中得到继承与发扬。

中国的道教是在东汉建立的，在这以前有许多记载了女性神仙的故事传说以及崇拜仪式的典籍，如《山海经》、《穆天子传》等都被道教奉为经典。同时，道教人士在活动过程中又不断创作新的神仙传记，女子神仙在其中占很大比重，赞颂之词不断出现，如《三洞群仙录》卷十写道："葛氏蛟帐，女娲云幕。"卷十五："月娥窃药，江妃解佩。"卷二："道君授剑，玉女献环。"卷十六："仙君枯井，神女竹坛。"卷四："王母击节"等。这里，从创世神女娲到众女仙之首西王母，从月宫嫦娥到巫山神女等的故事都简练、含蓄、深邃地表达出来了。

　　东晋的著名道士葛洪在汉代流行的《列仙传》的基础上，编写了《神仙传》十卷，其中就有许多女仙的"神迹"，如"女儿七十以增容"等得道成仙的故事。卷七则记下了大量的女子成仙的故事，如太玄女、西河少女、程伟妻、麻姑、樊夫人、东陵圣母等成仙的传说都是过去在民间和道教团体中流行的。梁代著名的道家人物陶弘景所编的《真诰》录有当时的许多"女真降谕"诗作，对女性神仙充满了钦敬之情。唐代中期在天台山学道、声名昭著的杜光庭则写下了《墉城集仙录》一书，这也是一部神仙传记，但与他前代人的神仙传记不同的是，这部书是为女子神仙立传的，可谓是开了女神仙集传的先河。它不仅描写了许多女子如何修行得道，而且记录了她们如何指导男子，从而得到了许多男性大人物的钦敬与崇拜。如黄帝和蚩尤交战而败北时，就是九天玄女授予黄帝以"六甲六壬兵信之符"和一些"天书"，从而使黄帝转败为胜的。又如在"金母天君"（即西王母）传中以相当篇幅写了周穆王、汉武帝、东方朔、董仲舒还有茅山宗的主神茅氏三兄弟（茅盈、茅固、茅宗）等人是怎样崇拜"金母"的。

这种著作还有许多。如宋、元之间的浮云山圣寿万年宫道士赵道一著有《历世真仙体道通鉴后集》六卷，这部著作和《墉城集仙录》一样，也是一部女子神仙集传，所记女性神仙有121位，比杜光庭的《墉城集仙录》还多了83位。清代道士王建章又在这个基础上修《历代仙史》，该书卷八也专载了女性神仙的故事。

以上这些古籍所记载的都是神话传说，比较虚幻，不过道教是十分崇尚修行、得道、成仙的，这些道家著作记载了这么多的女性神仙传说，也足以说明道家文化对女性的尊崇。

道家文化中不仅记载了许多古人的神话传说，还记载了不少时人。例如，史书记载道教吸收了许多女道徒。吕洞宾、王重阳两位祖师创造了女丹功法。绥山道士强调女丹功法进入高层次后优越于男子。道教史上流传晋代刘刚和夫人都擅仙术，夫妻二人经常比试，刘刚总是稍逊一筹。道家文献中还记载了关于人体特异功能的事情，有特异功能者多为女子。

再如，就葛洪的《神仙传》卷七而论，也有许多这方面的事情，如程伟妻能以意念招致布匹，为夫备其服饰，这似与当今的意念移动物体相类似。再如《江淮异人录》所载，吴时人张训之妻有心灵感应之术，吴太祖发铠甲，张训所得铠甲质劣，心不满意，其妻神会，遂致梦吴太祖，太祖醒后亲为调换。这类故事在《墉城集仙录》和《历世真仙体道通鉴后集》中更多。现代科学研究表明，特异功能现象的确是不能抹杀的，全世界在这方面的传闻也多为女子，而古人已在探索了，当然今人仍在不断地探索。

在男权社会，封建统治者是轻视妇女的，但是对有特异功能（修行所得或先天形成的）的女子也尊敬备至，甚至奉若神明。例如，唐宪宗因卢眉娘聪慧奇巧，充溢灵气，屡诏之，但卢不愿留于宫内，遂度为"黄冠"（道士），放归南海，并赐号"逍遥大师"。宋徽宗也是一个对女子修道者十分有兴趣的帝王，那时有个于仙姑因灵异事而闻名，徽宗就召之至东都，赐真人号，并亲自作诗相赠，诗云："身是三仙云外侣，心无一点世间尘。"

皇帝如此，皇后、太后也不例外，有的皇妃、皇姑、公主干脆入道修身。清人龚自珍在《上清真人碑书后》中指出："唐世武曌、杨玉环皆为女道士，而至真公主奉张真人为尊师，一代妃主凡为女道士可考于传记者四十余人。"① 由此可

---

① 四部丛刊本《定庵文集》第三册，第3页。

见，当时一些贵族女性对女冠的热心和对道教的崇信了。

第二节　道家思想是"主阴"

中国古代哲学家有许多派别，但是一切哲学的理论基础都离不开阴阳对立而统一的学说，虽然各个学派对阴阳矛盾双方的看法并非一致。

这种差异在周代以前已有存在。根据《周礼》的记载，古太卜之官掌管三《易》，一为《连山》，二为《归藏》，三为《周易》，这都是以阴阳观念为主导的占卜书。相传《连山》为夏代之作，《归藏》为商代之作，而《周易》为周代之作。这三部占卜术有八经卦，并由此演成六十四卦，不过卦在三《易》中的顺序不同：《连山》以艮卦为首，艮代表山，当三画卦重为六画卦时，艮就象征两重山相叠，故名"连山"；《归藏》以坤卦为首，坤代表地，以示万物无不归而藏于其中，故名"归藏"；《周易》以乾卦为首，乾代表天，以示万物莫不尊于天，因朝代以为名，且兼"周晋"之义，故称"周易"。如果说，《连山》对于阴阳地位的观念还比较隐晦，那么《归藏》和《周易》对此的思想倾向是明显的，《归藏》主阴，而《周易》尊阳。

这三《易》对后来的学术派别影响都很大。据许多专家研究发现，以墨子为代表的墨家学派的思想主要源自《连山》，以老子为代表的道家学派的思想主要源自《归藏》，以孔子为代表的儒家学派思想主要源自《周易》。

道家最主要的经典是老子的《道德经》。在这部著作中可以发现许多观点和《归藏》有着"血缘关系"。

王弼注本《道德经》下篇第四十二章说："道生一，一生二，二生三，三生万物。万物负阴而抱阳，冲气以为和。"这段论述讲述了天地万物的化生过程，认为万物的本因是"道"，而"负阴抱阳"则明显地是对《归藏》思想的承袭，这是《道德经》中贯穿全书的一个基本命题。

在《道德经》中，老子常把"道"这个基本范畴和母性意识紧密联系，如第二十五章说："有物混成，先天地生。寂兮寥兮，独立而不改，周行而不殆，可以为天下母。吾不知其名，字之曰道。"这就是说，道是先天地而生的，它是永恒的，又是不断运行的，它是天下万物之母。

在《道德经》中，还有一个"谷神"的提法也很有母性意识，第六章说："谷神不死，是谓玄牝，玄牝之门，是为天地根。"这里的"玄牝"即指女阴，认为女阴是"天地根"。

老子的"主阴"思想还体现在对水火、刚柔的态度上。在《道德经》第七十八章里，老子说："天下莫柔弱于水，而攻坚强者莫之能胜，以其无以易之。弱之胜强，柔之胜刚。"这番论述强调了水的作用，在万物之中，水虽弱小，但是刚强却不能战胜它。水与火是相对的，火属阳，水属阴，阴能胜阳。刚柔亦然，刚属阳，柔属阴，阴能胜阳。

　　老子的动静学说也体现了"主阴"思想。他在《道德经》第六十一章里说："牝常以静胜牡。"这就是说静能制动，阴能胜阳。这个观念影响到道家文化的许多方面，例如，当老子把这种思想应用于气功实践时，就提出了"致虚极，守静笃"、"专气致柔"的独特法式。当谈到修身、治国时，形成了"受国之垢，是谓社稷主"的思想，"垢"从土，即为地，居阴，就是说为人要谦下，能容纳百川，有海一般的胸怀；治国，要"无为而治"，"后发制人"，"不战而屈人之兵"。

　　以《归藏》为基础的老子的"主阴"思想经过《庄子》、《列子》、《淮南子》等衍扩而大大丰富起来，在许多道家的经典著作中都贯穿着这种观念，甚至推崇备至。《秘藏通玄变化六阴洞微遁甲真经》卷中第二页《六阴隐秘要》说："阴为无也，无则能变化。能有能无，出生入死，包容隐显也……凡有道之士用阴，无道之士用阳，阳则可测，阴则不可穷也。"

△ 千手观音（邮票）

这段论述可认为是道教术数理论的一个基本概括，把女性崇拜哲学化了，也把"女阴"思想提高到一个无以复加的地步。

第三节　妇女对发展道教大有贡献

有些妇女在道教的建立、发展与改革中起了重要作用。

根据《三国志》卷三十一《刘焉传》的记载，道教在东汉时经张道陵建立，传其子张衡，又传至其孙张鲁，传至张鲁后道教有较大的发展，实在有赖于张鲁之母（即张衡之妻）卢氏的活动。张衡去世后，卢氏守寡，却活动频繁，她"行鬼道"，"又有少容，常往来（刘）焉家"。由于卢氏的宗教和社会的作用，张鲁深受汉鲁恭王后裔刘焉的器重，刘焉委之以督义司马的官职，使驻扎汉中。正是在这样的背景下，张鲁得以实行政教合一的政策，扩充队伍，扩大道教的影响，以至于形成了一方割据、与曹操抗衡的局面。后来张鲁虽然失败而被招抚，可是卢氏却进入了道教神仙的行列。

　　从东晋开始，有些女子甚至成为道教学派的创始人、改革派，或在道教的建设与经典的传授中成为中坚人物，魏华存就是很著名的一位。《太平广记》卷五十八《魏夫人传》记载：魏夫人，任城人，晋司徒剧阳文康公之女，名华存，幼而好道，"静默恭谨，读《老》、《庄》、三传、五经、百氏，无不该览。志慕神仙，味真耽玄，欲求冲举，常服胡麻散、茯苓丸，吐纳气液，摄生夷静，亲戚往来，一无关见"，传说她尝得诸神人授予"神真之道"《黄帝内景经》。由于魏华存在道教内丹术的传授上是一个关键人物，在《黄庭经》的流传中起了极为重要的作用，魏晋以来各道派都很尊崇她，尤其是上清

派茅山宗对她的感情深厚，把她奉为上清派的第一位缔造者。据杜光庭《道教灵验记》所载，魏华存的修道场所被后人尊为"仙坛"，相传甚为灵验，往往有神仙来临，奇云密布。晋代以后，许多女性都仿效魏华存在此修道，而且发生了许多灵验的事情，社会影响很大。魏华存十分反对民间天师道那种用符水治病、咒语驱鬼的做法，提倡一种比较正规的、有完善理论的信仰形式，这就是道教中上清派的主旨所在。

还有，道教"七真人"之一的孙不二也是女性，她道成后创建了道教的另一个派别——清静派，也很有改革意义。孙不二是金代人，为宁海豪族孙忠翊的幼女，也是全真教第二代掌教人马钰的妻子。金世宗大定年间，孙不二和马钰相继出家，师事王重阳，曾经随王重阳上街乞化。她对修丹妙理领悟很深，是女丹学说的创始人，著有《孙不二元君法语》一书，此书中有"坤道功夫次第"之论，有"女工内丹"之诗，影响后世，流传至今，孙不二也成为女性道教人士中的一个杰出人物。

第四节　女性的修道

道教在中国历史的一个很长期间传播甚广，不仅拥有众多的男道徒，而且拥有众多的女道徒，他们都在修行，企图通过修行以养生得道，进入长生与成仙的境界，女性修行也就是女子为了达到成仙的理想境界所采取的方法与实践。

许多宗教都有修行，但是其理论与方法有所不同。中国古代在儒家看来，修行就是按照"礼"的规定进行身心的修养活动。儒家的创始人孔子认为，周代之礼是最完备的，如果一个人要达到"爱人"和"孝悌"的"仁"的境界，就应该严格按照周礼的规定来要求自己，一方面要"内省"，即经常从内心来检查自己是否符合"礼"的标准，另一方面要在言行方面得到实施。

可是道家人物对修行的看法有所不同，老子这位道家文化的创始人就反对以周礼为修行的根本标准。他在《道德经》第三十八章说："夫礼者，忠信之薄而乱之首。"他认为礼和忠信是相对立的，忠信是自古以来人们发自内心并且约定俗成的一种自然德性，而礼的规定则是因为忠信不笃而产生的一种结果，它有强制性，而且是表面的、形式的、文饰的，内心的修养应以不断地去掉文饰，"见素抱朴，少私寡欲"①为根本，从而升华到无物、无身的境界。

显然，以上儒、道两家对修行的看法与做法有所不同，但是女性道徒的修行却把这些不同点结合起来了。例如《墉城集仙录》中有一段记载彭祖之女修行：

> 彭女亦得养生之道，随祖修行，亦数百岁，朝拜勤志，晨夕不倦。今彭女山有礼拜石，有彭女五体、肘膝拜痕及衣髻之迹……

从以上叙述可以看出，"朝拜"、"礼拜"都是依"礼"

---

① 《道德经》第十九章。

而行的，女道徒修行也离不开"礼"。《上清元始变化宝真上经》中也有一段关于九天玄母（九天玄女）修行的记述：

　　修行玄母之道，当以本命之日沐浴清斋，入室东南，九拜，朝玄母毕，还北向平坐，叩齿九通，闭眼思九天玄母，随四时形影在九天之上，琼七暎之宫……

　　这种以九天玄母为崇拜对象的斋戒修行法与儒家作为祭祀鬼神的准备程序的斋戒仪式有直接联系；同时这也继承了《庄子》"心斋"的部分内容，因为行戒的时候既要求"清"，就要摒弃杂念，心处空虚，而这正是"心斋"的本质所在。

　　道教不仅在修行的仪式上和儒家有相似之处，而且在内容上也有不少联系。在道教的神仙传记里常常记载着一些仙女典型被赋予忠孝仁义的伦理意义，包含了许多积德行善而成仙的内容。在《女丹十则》里专门为女性修行者而规定的六条戒律，第一戒"要孝养翁姑"，第二戒"要端方正直"，第三戒"要谨慎言语"……对女子的要求十分明显。这些戒律首出于佛门，还有"不杀生"、"戒秽念"、"去刚暴"等都和儒教、佛教有许多相似之处。至于道教的不可过于追求感官刺激的观点（如《道德经王弼注本》第十二章所述"五色令人目盲，五音令人耳聋，五味令人口丧，驰骋畋猎，令人心发狂"）更加和儒家所说的"非礼勿视，非礼勿听，非礼勿言，非礼勿动"相通了。

以上这种心理方面的锤炼、性情方面的陶冶在修行中称为"存想"，此外还有一些生理方面的修习，如服药、沐浴、按摩、咽津、长啸等则与男性修道相同，这些方法被视为养生之道而传承至今。道教典籍中记载了不少女子修道而得道后老而还少，甚至上百岁还颜若少女，甚至有"婴儿之色"，这可能也是一些女子对修道趋之若鹜的原因之一。

女性修道的内容、方法和男性相比有许多共同点，但是也有许多特点。在内容上，如前述的《女丹十则》，就有许多对"妇道"方面的要求，在方法上也考虑到女子生理上的特点，最关键之处就是女子有经血。所以道教有的教派（如清修派）认为，女子如果经血不断，则丹不成，因此修女丹者第一关必须断经血，这叫作"斩赤龙"，因为经血是红色，故以"赤龙"譬之。

以"斩赤龙"为基本特色的女丹炼法，在实行它的道教清修派看来，本属秘诀，因此此法在经籍上并未全部叙明，留有未露之"天机"，外人即使得此宝经，仍难下手，如果在名师指点下去做，则可以出神入化。《樵阳经女工修炼》描述其效果说："面如桃花肤似血，到此赤龙永断绝。清净法身本无尘，功满飞升朝玉阙。"

但是，古人也认为，这种修炼，如果无人指点，则有危险，因为女子行经本来是正常之事，如欲使之不行而化气，由气而化神，由神而入虚，如果不得其法，则可能会得重病。从现代科学的观点来看，这种做法似流于荒谬，行经本是女子极其自然的生理现象，强灭之是违背自然规律的，也违背了道家"道法自然"的根本思想。

女丹的修炼还有一个重要方面似有矛盾，这就是性。道教建立之初以及后来的正一派都提倡房中术，但是男女修道尤其

是对女子修道又十分强调戒"秽思"、"淫思"、"淫行"，
中贞一子所撰《女金丹》中说："妇女之性情易荡，一贪淫
事，则欲火焚身，情难自禁，无夫以遂其欲，必有丧廉之行，
即使不至失身，淫心一动，火迫一身，精气已不存在于中矣。"
《女金丹》还说了这么一件事："昔韦十一娘学道，其师化一
伟男子，百般调戏，且致迫污，而此心不易，方授仙术。"这

真是和儒家崇尚的"柳下惠坐怀不乱"、佛家所诩的"达摩面壁十年，多魔女诱之而不惑"差不多了，但是不是和道教一开始就倡导的房中术南辕北辙了呢？其实两者并不绝对对立，而是辩证的、既对立又统一的，其原因有四：

1. 道教所提倡的房术中应在婚姻的范围内进行，而严禁"淫念"、"淫行"、出轨之举。

2. 欲不可无，但欲不可纵，要"惜精"、慎施。

3. 性修炼的目的与出发点不是为了宣欲与性满足，而是为了求道。

4. 在道教施行房中术的过程中，难以避免的是有些人借以行淫，社会影响很坏，因此与道教不同的教派，尤其是改革派反对这种行为，理论多强调性的节制，实际上这是一个问题的两个方面。

第四章

中国古代房中术的发展

房中术是中国古代性文化的一个重要组成部分。在中国古代，房中术源远流长，从宫廷开始，然后影响民间，许多人对此趋之若鹜，如痴如狂。它的发展对夫妻性生活和谐、养生保健、优生优育都起到相当大的作用，其中有许多精华值得人们研究、汲取，当然也有一些糟粕需要摒弃。应该认为，中国古代房中术有许多内容已开世界性科学之先，其深邃的程度可能至今还不能为人们完全理解。叶德辉在《新刊素女经·序》中说："今远西言卫生学者，皆于饮食男女之故，推究隐微，译出新书，如生殖器、男女交合、新论婚姻卫生学，无知之夫诧为鸿宝，殊不知中国圣帝神君之胄，此学已讲求于四千年以前。"中国古代房中术实在是一个科学宝库。

第一节　古代房中术与养生

关于什么是房中术，有许多不同的说法需要剖析。

所谓房中术，对之有广义和狭义的两种理解。广义的理解是，房中术是中国古代性科学的总称；狭义的理解是，房中术是研究性交技巧的一门学问。现在多数人的理解倾向于后者，因为中国古代性科学的范围实在太广了，不是房中术所能概括得了的。

说房中术是研讨性交技巧的一门科学，这是对的，但是，许多人认为讲究性交技巧只是为了满足性的需要、获得性的快乐，而古代房中术不仅有满足性的需要、获得性的快乐的一面，还包括节制情欲，而这一切都围绕着养生长寿。养生学说实在是道家文化的核心。人类的性行为有三个功能：一是快乐的功能，二是健康的功能，三是生育的功能，而中国古代房中术更侧重于健康的功能。性交要服从于养生，为了养生，有一套特殊的交合方法，有时要尽欢，有时又要节制，所以中国古代房中术又可称之为"房事养生学"。

因此，对待中国古代房中术，不能就性论性，而要纳入养生这个大前提来观察。道家对养生的主要做法有：

第一，清静恬淡。明人李攀龙在《列仙全传》卷一中说，有一次黄帝去崆峒山，拜见一位大师广成子，向他请教"至道之术"，即养生诀。广成子云：

> 至道之精，窈窈冥冥，至道之极，昏昏默默；无视无听，抱神以静，形将自正，必静必清；毋劳尔形，毋摇尔精，毋俾尔思虑营营，乃可长生。慎内闭外，多智多败，我守其一而处其和，故千二百年未尝衰老。

唐人孙思邈在《千金要方》中概括得更明白：

> 口中言少，心中事少，腹中食少，自然睡少，依此四少，神仙诀了。

第二，胎息练气。道家认为，腹中长存清气，是长生的秘诀之一，因此研究出一套长存清气的呼吸法，称为"胎息"或"吐纳"。其做法是在日出之前面向东做深呼吸，最好是腹式呼吸，大量地吸收新鲜空气。吐纳术的功效，在晋人张华的《博物志》卷十中，有一段传奇性的例证：

> 人有山行坠深涧者，无出路，饥饿欲死。左右见龟

△ 玉液炼形图（引自明刊《性命圭旨》）

蛇甚多，朝暮引颈向东方，人因伏地学之，遂不饥，
体殊轻便，能登岩岸。经数年后，竦身举臂，遂超出
涧上，即得还家，颜色悦怿，颇更黠慧胜故。还食谷，
啖滋味，百余日中复本质。

从以上事例可见，有些人认为只要练习吐纳之术，不但可
以辟谷（不食不饥），还有容光焕发、身体轻便的神效。

△ 彭祖庙的"气场"（四川彭山，2000年9月）

第三，导引按摩，即今人所习称的"健康操"。宋人张君房辑录的道教经典《云笈七签》卷二十三，是无名氏所撰的《养性延命录》，其中有一则"导引按摩"就提到了"叩齿"、"咽唾"、"握固"、"吐纳"和各种姿势的体操。明人郑瑄的《昨非庵日纂》卷七《颐真》中有关于十二段锦的简要说法："发宜多栉，齿宜多叩，液宜常咽，气宜清炼，手宜在面，此为修昆仑之法。"也是指导引按摩。

第四，讲求房中术，借以养生。道家十分崇尚自然，性既然是人的一种自然本性、自然需求，那么就应顺其自然，因势利导，通过男女"双修"、"合气"以强身健体，并求永年。"黄帝御千二百女而成仙"虽是一个神话，但却是道家所追求的一种理想境界。在道教长期的发展过程中，形成了一套十分系统、完善而神秘的男女双修术，它不仅能满足性的需要，还能延年益寿，祛病强身。

道教的房中术，又称为"寅龙申虎之术"。《墉城集仙录》卷六载，"太阴女朱翼"尝师事"绝洞子李修"，李有"寅龙申虎之术"，翼奉事甚勤，尽得绝洞子所授之道要，年二百八十岁，颜如桃花，光彩照人，视之如十七八岁。在道教中，龙虎本象征阴阳男女，张道陵在江西龙虎山传道时曾以龙虎为法相，行男女合气之术，"龙虎"就成为性关系的一种隐语。而"寅申"在十二地支的环形排列中也有阴阳和合之意，因为寅居于东，申居于西，东为阳，西为阴，一东一西，阴阳相对，如男女互存。在民间也有"龙虎卫"的配偶习俗。另外，《列仙传》载容成公"能善补导之事，取精于元牝"，太玄女颛和"洗心求道，得玉子之术"，这"补导之事"、"玉子之术"都是房中术的别称。

中国古代的养生家认为，合理有节的性生活可以保养精神，有益于健康；反之，如果毫无节制地纵欲，则必伤身害体，折寿损命。这就叫："房中之事，能杀人，能生人，故知能用者，可以养生；不能用之者，立可致死。"就是在承认和肯定男女性关系的前提下，主张必须有所节制，反对无节制地纵欲。英国的著名汉学家李约瑟博士认为，道教房中术承认男女地位平等，承认妇女的重要地位；认为健康长寿需要两性合作，不受禁欲主义和阶级偏见的约束，这些都显示了道教与儒家、佛教的不同之处。因此，虽然道家的生理学很原始并有幻想，但在对待男女和宇宙的态度方面，比家长统治的儒家（典型的封建所有制之下的心理状态）或冷淡出世的佛教（它认为性不是自然和美的事情，而是魔的诱惑）都要恰当得多。

的确，在所有宗教中，只有中国道教自形成之日起就和科学发生着千丝万缕的内在联系。因为道教追求长生不死，重视养生，要追求长生不死就要对生命现象、自然现象进行相应的观察和研究，并探索实现长生不死的具体方法。道教追求长生不死的方法很多，最主要的是外丹学和内丹学。东汉末年的魏伯阳所著的世界炼丹史上最古老的医著《周易参同契》，其中的《内丹歌》有对现存最早的炼丹工具"丹鼎"的记述。

所谓外丹学，又称为黄白术，是用炉鼎按照一定程序和比

△ 炼气的道家（炉鼎为女阴的象征）

例烧炼各种矿物类药物以制取"长生不死"仙丹的实验方法和技术。在长期的实践中，长生不死的仙丹当然不可能找到，但是对这方面的探索促进了人们对各种矿物质以及地质学、物候学的认识，如黄金、白银、水银、铅、铜、锡、砷、雄黄、雌黄、砒黄等矿物质的分布和制取方法，掌握了许多矿物质的化学属性，从事炼丹的道士们不自觉地成为化学实验家，对我国和世界的冶金学、地矿学作出了可贵的贡献。

外丹学又和中国传统的药学有密切联系。道士、方士们所炼的丹药，食之长生不老固不可能，而且春药残身，但是有些丹药服之能够养生、健体，从而推动了整个传统医药学的发展，甚至还有一些现代科学所不能解释的功效。

内丹术是指在人体内修炼长生不死的方术。这个方法来源于生命气化学说。道教认为，人的生命是由元气化生而成，通过调整体内气息流转，按照一定的程序，就能回到生命的本原状态而长生不死，故称为"还丹"。因为炼制还丹在体内进行，原料是精、气、神，故称为内丹。内丹术的途径很多，气功等修炼方法就属于内丹，房中术也属于内丹。以后被道教所提倡与实践的房中术的主要目的和本原还是养生，养生始终是道家房中术的主旨，但是如果用之于淫乐，那就步入邪途了。

被称为世界研究中国古代科技史的第一人、英国的李约瑟博士 1979 年在香港曾作过"中国古代科学"的报告，认定道家文化"是中国后来一切科学思想的基础"。他十分推崇中国古代的炼丹，他说："火药与火器的壮丽史诗是由炼丹开始的。""中国炼丹术的基本思想，即那些自创始以来就企图探求长生奥秘的思想，是途经阿拉伯和拜占庭然后来到拉丁语占领的西方世界的。"他还十分赞扬古代中国与炼丹、气功相关的经络学说，他说："气在人体内通过网络中贯通游走称作循环。这一网络即所谓经络，由经脉与络脉构成，共有十二主脉、八条大脉，合为众所周知的奇经八脉"，"每条经脉上均有十至五十个腧位，即我们所谓的针刺部分"，"经脉与内脏有联系，堪称中世纪中国在生理方面的一大发现，因为它已经设计了今天称作内脏——皮肤发射作用的问题"，"很久以前就了解这一知识真是一大卓越成就"。

当然，无论是内丹学还是外丹学，用之于成仙永寿，那只是古人不可能实现的想象，在实践方法上也是科学与谬误、精华与糟粕并存，这也是我们需要分析研究的。但无论如何，古人对生命现象的探索和思考，深入了对生命科学的认识，对人类文化的发展是有裨益的。

第二节　房中术的理论基础

中国古代房中术是有其具体的理论基础的。道教作为中国唯一土生土长的宗教，其理论典型地反映出中国民族文化的特点，并在房中术方面有充分体现。虽然中国古代房中术有许多做法的科学性需要分析，但是它的理论基础至今仍使人感到奥妙、深邃、神秘莫测，现代科学还要对它不断地进行研究。

一、阴阳五行

中国古代房中术最基本的理论是阴阳五行说。

阴阳是中国古代哲学的一个范畴。阴阳最初的意义是指日光的向背，向日为阳，背日为阴，历来引申为气候的寒暖。古代思想家看到一切现象都有正反两个方面，就用阴阳这个概念来解释自然界两种相互对立和相互依存的物质力量。随后，一些思想家又把阴阳学说合到一起。在西周末年各种宗教思想和哲学思想大发展、大变化的时候，有些思想家开始以自然界和日常生活中常见的金、木、水、火、土五种物质来说明事物的起源。同时，也吸取了"阴阳"这个概念来解释自然界的两种相互对立又相互依存的物质力量，认为二者的相互作用是一切自然现象变化的根源。

"一阴一阳谓之道"，战国末年的齐人邹衍以善谈阴阳而著称。他对古人的"五行说"，即世界是由土、木、金、火、水五种基本元素构成的，进行了新的开拓。他认为五行不仅具有不同的物理属性，而且具有不同的道德属性；五行之间也不是简单的组合，而是阴阳变化、相生相克的。他把"五行"和"阴阳"两个概念结合起来，创立了全新的"阴阳五行说"。后来，邹衍及其弟子将"阴阳五行说"运用到政治生活中，从阴阳变化之理和五行转运之机及天道玄远之事中，归纳出"五陽火交济立助其道運片晌則水門挽足跟抵穀而枕一手接命如何曰宜曲肱或問元氣不足

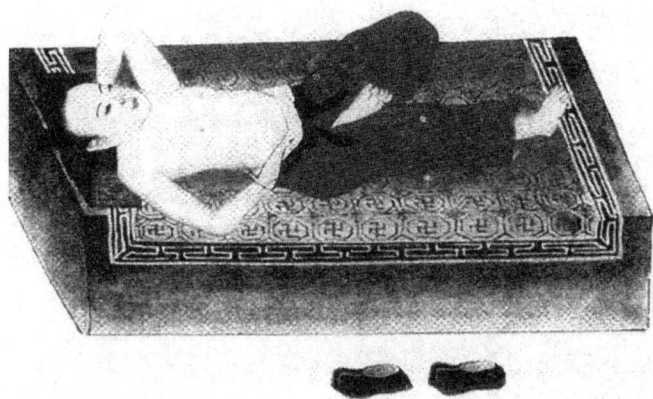

德终始说"，依照五行之"德"推测万事万物生克之"运"。

当时的方士大力宣扬阴阳之道，却没有一套理论依据，使他们在诸子百家中颇为逊色。当邹衍的"阴阳五行说"一推出，方士们受到启发，很快就把它当作修仙的理论依据，形成阴阳五行与鬼神信仰相结合的一整套模式。

在方位上，木、火、金、水、土分别对应东、西、南、北、中；在时节上，则对应春、夏、秋、冬四时；在道德属性上，对应仁、义、礼、智、信；在崇奉的神灵上，为五方五色神，分别是东方苍帝、南方赤帝、西方白帝、北方黑帝、中央黄帝；其神体则为青龙、朱雀、白虎、玄武、轩辕。

方士们依此架构推衍发挥，自成一家，人称"方仙道"，是道教的前身。后来道教修仙，就运用了阴阳五行说和方仙道关于阴阳、水火、龙虎的理论。

传到东汉，道教建立了，阴阳五行说的一些理论和宗教相结合，走向神秘化；它成了谶纬学说的一个组成部分，多用于占卦、算命，一直流传至今。但是，阴阳五行说中有许多科学成分，也被后来的思想家、科学家继承了下来，特别是在哲学、天文学、化学和医学等方面，都曾依据阴阳五行的理论进行某些观察和研究，这对科学的发展起了推动作用。

在男女的问题上，古人（以至于今人）一直把男人称之为阳，把女人称之为阴，而提倡"阴阳相济"。同时，又把男子的属性归之于火，把女子的属性归之于水，这种思想几乎贯穿在所有的古代房中术著作中，这当然和阴阳五行说有很大关系。

看来，古人的这种比喻或归纳是相当贴切的。首先，火容易燃起，也容易熄灭；反之，水在火上加热需要一段时间，但热起来以后，冷却也相当慢，这是男女性反应有所不同的真实反映。其次，火的燃烧需要燃料，而水却处于一种自然状态，有很强的适应性，这又是对男女性能力的恰当比喻。中国古代的房中术著作中要求男子惜精备气，正是因为考虑到燃料有燃尽的时候，所以必须节约，交合时要少泄甚至不泄。再次，水要靠火来加温，而火又会被水熄灭，这又是对男女性关系相互依存又相互对立的恰当描述。最后，这种水火学说也为采阴补阳的男女双修提供了依据，因为总的说来，主张性命双修的内丹学说的基础就是用心中之火化去肾中之水，这一逻辑很容易联系到采阴补阳：用男火化去女水，照样可以凝结成丹。

总之，道家所倡导的房中术主要是建立在阴阳五行之上，许多做法都和阴阳五行的内容有很大关系，无论是炼气还是炼丹，都是以阴阳五行为基础的。

二、天人感应

道家思想是中国本土的哲学思想，道家的观念来自对大自然运行法则的冥想。《老子》第二十五章说："人法地，地法天，天法道，道法自然。"《庄子》卷二十二《知北游》说："天地有大美而不言，四时有明法而不议，万物有成理而不说。圣人者，原天地之美而达万物之理。"道家主张人是大自然的一部分，人的身体来自天地，它本身就是一个小型宇宙，而与自然界这个大宇宙息息相通①，人的日常行为、起居作息包括性生活，一定要契合大自然运行的法则，才合乎养生之道。

在这方面，一句最概括、最有代表性的话就是《周易·系辞下》中的"天地纲缊，万物化醇；男女构精，万物化生"。这就是说，天是阳，地是阴，只有在天气和地气循环交流而下雨时，万物才得以欣欣向荣、蓬勃繁殖，因此雨水是天地交泰的具体表征。人要效法天地交泰、阴阳交合之道，以维持性生活，才合乎自然，从而保持身心健康，延续种族生命。

这种思想，影响到房中术的许多提法与做法。例如，称男女交合为"云雨"，"云雨"就是天和地的交合，是由风（天）和云（地蒸发）的结合而出雨（第三种产物）。又如，称男子

---

① 参见《周易参同契》。

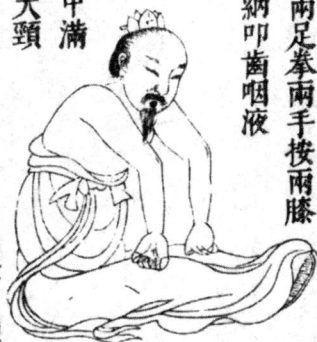

> 三才圖會
> 人事十卷
>
> 冬至十一月中　運主太陽終氣
> 每日子丑時平坐伸兩足拳兩手按兩膝　時配足少陰腎君火
> 左右極力三五度吐納叩齒咽液
> 治手足經絡寒濕春
> 股內後廉痛足痿厥
> 嗜臥足下熱痛臍左
> 腸下背肩胛間痛胸中滿
> 大小腹痛大便難腹大頸
> 腫咳嗽腹冷如冰及腫臍下氣逆小腹急
> 痛泄下腫足胻寒而逆凍瘡
>
> 十二

与女子性交为"耕耨"，也是和土地、植物等自然物连在一起。古人还认为男女交合能影响天，所以有时以交合来祈雨；同时认为天气也会影响男女交合，例如《素女经》上提到日月晦朔、上下弦望、日食月食、急风暴雨、大寒大暑、雷电霹雳之时不可行房，犯忌之人怀孕生子必有各种残疾。《吕氏春秋·仲春纪》说："是月也……雷且发声，有不戒其容止（指

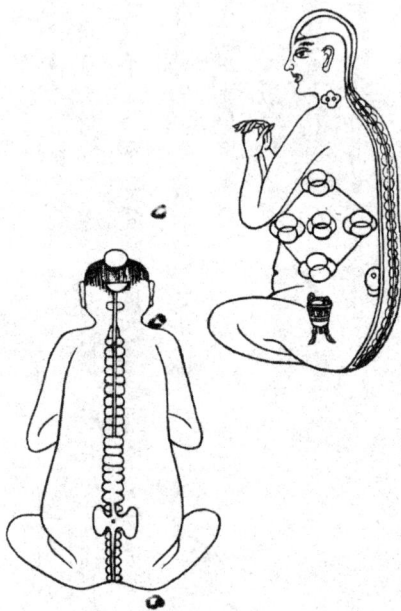

房事）者，生子不备，必有凶灾。"又如《淮南子·原道训》说："人大怒破阴，大喜坠阳"等。

宋朝著名的理学家朱熹辑注了道家著名的经典《周易参同契》，并称赞它是一部论述《易经》哲学思想的重要著作，但是他却不理解或故意回避了其中的性学内容。其实，这部道家的著作在许多方面以阴阳五行学说为基础，论述了房中术的内容，也反映出许多天人感应、阴阳合一的思想，例如卷六十三有下列一段：

> 阴阳为度，魂魄所居。阳神日魂，阴神月魄。魂之
> 与魄，互为室宅。……爰斯之时，情合乾坤。乾动而
> 直，气布精流。坤静而翕，为道舍庐。刚施而退，柔
> 化以滋。九还七返，八归六居。男白女赤，金火相拘。
> 则水定火，五行之初。上善若水，清而无瑕。

再如，该书卷七十三更明确地强调男女交合要符合天道和
吸应自如，还认为"男上女下"的交合姿势是最自然的：

> 物无阴阳，违天背源。牝鸡自卵，其雏不全。夫何
> 故乎？配合未连，三五不交，刚柔离分。施化之精，
> 天地自然。犹火动而炎上，水流而润下，非有师导，
> 使其然也，资始统政，不可复改。观夫雌雄，交媾之
> 时，刚柔相结，而不可解，得其节符，非有工巧，以
> 制御之。男生而伏，女偃其躯，禀乎胞胎，受气元初。
> 非徒生时，著而见之，及其死也，亦复效之。此非父
> 母教令其然，本在交媾，定制始先。

有一些佛教著作是批判道家学说的，可是在批判中也反映出了道家房中术的基本思想，例如法琳的《辩证论》中所述：

> 《黄书》云，开命门，抱真人婴儿回龙虎戴，三五七九，天罗地网，开朱门，进玉柱，阳思阴母白如玉，阴思阳父手摩足。

以上所提《黄书》是汉朝黄巾军的秘籍之一，这一段文字是批判道家"阴阳合一"的思想的，但是从反面也证明了道家这一思想的存在。

这种"天人感应，阴阳合一"的观念并不限于道家。汉代的大儒董仲舒在《春秋繁露·循天之道》中，也讲按天地之气的规律行房。他说："养身以全，使男子不坚牡不家室，阴不积盛不相接"；"天气先盛牡而后施精，故其精固"；"是故新牡十日而一游于房，中年者倍新牡，始衰者倍中年"。这实际上就是在讲述房中之术，而且涉及了男女行房和天地之气的关系。

可以说，"天人感应"的思想影响到传统文化的方方面面。例如，风水学的基本出发点就是大自然的环境会影响人；占卜学中以人的生辰八字推算人的命运，其基本根据之一是人也是自然物，它和庄稼一样，其生长规律也受时令节气的影响；野合可得天地之气，对健康有益等。古人也相信人会影响天，如人间奇冤会导致六月飞雪。梁武帝时，三年大旱，赤地千里，帝数次祈雨而不果，有大臣说是因为如今人间阴阳不调，旷男怨女甚多，冲达于天，故旱。帝采取措施，促使民间婚姻关系和谐，乃雨。

应该认为，道家的"天人感应"、"阴阳合一"的理论有一定的科学道理，并正在为现代科学所研究。现代气功的一个最基本的原理就是吸取天地（大自然）之气以养生，这为现代的许多中国人和外国人所信奉和推崇。气功发现，长期共同生活的夫妻各人身上都存有对方的气息，可以从一方的身上感受到另一方的状况。西方有些性学家认为，夫妻同床，即使不性交，相拥而眠也大有裨益，因为双方体内的分子交流，气息调和，对身体健康很有好处——这些理论和道家的理论是有许多共同之处的。

三、闭精守关

中国的古人认为，男子的精液中含有对人体生命极为有用的物质叫元精、元阳或真元，这种物质是男子天生的禀赋，是一身精华之所在，这种精华十分有限，消耗了这种真元就影响健康，如果把这种真元消耗完了，人的生命也就到了尽头。真元最大的消耗途径就是男女交合，可是从人的本能需要（无论是快乐的需要还是繁衍后代的需要）来看，又不能不交合，那么就只有既交合又不泄精或尽可能地少泄精一途了。这就是中国古人提出"闭精守关，御而不泄"这一理论的出发点。

爱气、尊神、重精，这是《太平经》养生法的三大要点，也是后来的养生家们共同遵循的修炼法则。古人提倡天、地、人的统一，并各有三宝：天之三宝为日、月、星，地之三宝为水、火、风，人之三宝为精、气、神。《太平经》首次将人之三宝并列，强调三宝同炼阴阳和合，并将其说视为"道之根柄"、"神灵之至意"，从而推动了道教养生学的完善。其中"重精"是"人之三宝"中的一个重要方面，强调性不可无，但不能滥泄。

这一理论几乎贯穿在中国古代房中术的所有书籍中，例如《类经》云：

> 精不可竭，竭则真散。益精能生气，气能生神，营卫一身，莫大乎此。故善养生者，必宝其精，精盈则气盛，气盛则神全，神全则身健，身健则病少。神气坚强，老而益壮，皆本乎精也。

在许多房中术著作中，都强调"惜精如金，惜身如宝，可以延年"。在这些理论中，隋、唐之间的著名医学家、房中术家孙思邈的观点似乎比较辩证，他在《千金要方·房中补益篇》中说：

> 凡精少则病，精尽则死，不可不思，不可不慎。数交而一泄，精气随长，不能使人虚也。若不数交，交则即泄，则不得益；泄之精气自然生长，但迟缓，不如数交接不泄之速也，能百接而不施泄者，长生矣。

从上述文字可以看出，孙思邈的基本观点仍是提倡"闭精守关，御而不泄"，所以才说"能百接而不施泄者，长生矣"这样的话；但是他也不绝对化地反对泄精，而是认为"泄之精气自然生长"，不过"交则即泄"就不好了。这里有个问题是，何曰"交"，性交频率是什么，没有限定，如果每日必交，或一日数交，交则即泄，当然不好；如果半月或一月一交，交而即泄，何害之有？

"闭精守关，御而不泄"的理论实际上是一种矛盾情况下的产物，古代有些男子既要纵欲（多御妇人），又怕伤身体，就通过"御而不泄"的办法来解决了。这种理论又带来了许多玄虚的说法，例如男女交合，谁先泄精（女方泄精是来性高潮）谁的精就被对方吸去了，所以都要十分提防——照这种说法，男女交合不是为了性爱，而是相互利用、钩心斗角了。

在明末性小说《昭阳趣史》中有这样一个情节：有只雌狐住于洞穴，修习道术，但因缺纯阳，不能成正果，于是变为一个美丽女子下凡寻找男伴，以吸收纯阳。她遇到一个男子，是燕子精变的，因缺纯阴而不能达到修道的正果。双方各有目的，进行交合，但燕子精的功力不如狐精，先泄了而被狐精吸去了它部分的"精"，于是双方大闹了起来，召来众燕子和众狐大战，破坏了世界。玉帝大怒，罚这狐狸和燕子下尘凡为人，这就是汉代蛊惑成帝纵欲的赵飞燕和赵合德姐妹俩，以后的情节就明显地取自唐代性小说《赵飞燕外传》了。

为了避免射精，古人有几种方法：

一是在高潮之前把阴茎抽出。

二是可以压迫会阴，因而保留了精子，如果做得不正确会导致逆行射精，道教人士们相信精会逆行而上升到大脑并"补脑"，即"还精补脑"。

三是进行有意识的冥想，即男子通过训练，配合有意图的冥想，登上逐步提升的高潮"楼梯"，以滋养和储存大量的"精"，这就是训练自己将射精冲动与高潮收缩（前列腺和射精"泵"的盆腔肌肉收缩）分离开来。通过在高潮极点时分离这些冲动，男人可以停止抽动但保持在性伴侣的阴道里面，并用力紧缩盆底（"阻碍"初期的前列腺收缩），同时采用一种有意图的冥想，这样就改变了身体精子的方向，身体精子所包含的生命能量（精）就从后背上升到了大脑中枢。使用这种方法的男人仍然有高潮但不会射精，最重要的是不会失去他的勃起。如果成功地实施，男性应该没有郁积在睾丸的疼痛，他的尿液里应该没有精液，也有实践家们所预期的健康好处。那些练习这个方法的人们相信它是获得长生不老的关键之一。

以上这些观点和做法究竟科学与否，还不能轻易下结论，不过闭精守关、珍惜元阳的思想对现代人是有影响的，它是"手淫恐怖论"和"性交恐惧症"的一个主要的思想根源。其实，现代科学辨明，男子的精液并不是什么神秘的东西，而只是男子体内一种正常的分泌。精液由精子和精液浆组成，精子是人体内的一种生殖细胞，而精液浆含氮（包括游离胺类和氨基酸）、碳水化合物（主要是果糖）、无机盐（含钙、锌、钾、镁等），这些物质完全可以在人体内不断地再生，如果缺乏某些元素也可以通过药物和食物来加以调节。

20世纪中期，美国的性学大师金赛说过，人类的性是一种能量，这种能量积聚到一定的程度总会以某种途径释放出来。

泄精也是一种性能量的释放。青壮年男子的精液储存到一定的程度，即使没有性交行为，也会通过梦遗等途径加以释放，这是一种不能自控的正常现象，也是男子身体自我调节的表现，连古人也有"精满则溢"的说法，那么通过性交以泄精就决不是有害的，决不是什么可怕的事情了。当然，也不能滥施滥泄，这和不能施泄是两个极端，都是不科学的。

四、阴阳互补

这是中国古代房中术理论的又一个重要观点，道家对此大力宣扬，许多人对此深信不疑。阴阳互补就是男女双方通过性交以汲取对方的精气，互相滋润，互相弥补。这本来是可以研究的一个问题，现代科学家也认为男方的精液进入女阴道对女方的健康有益。但是在过去的男权社会中，阴阳互补却演变成了单方面的采阴补阳，而且还有许多论证。这是古代房中术理论中最不科学的、最有害的一个内容，它充分反映出在男权社会中男子对女子的压迫和剥削，而且为统治阶级所利用。

采阴何以能补阳，这就要从房中术理论的基本立足点说起。如前所述，房中术理论提出"阴阳合一"，男女是相互渗透的，即所谓"太阳中有少阴，太阴中有少阳"。同时又认为，男女交合的主要目的不在于男女身心的愉悦和具体官能的感受，而在于养生，这就不可避免地要借助对方的力量以滋补自己。房中家认为，女性性器官所分泌的液体"阴精"和男性性器官射出的精液"阳精"，是最宝贵的，女子的"阴精"如幽谷深泉，不会耗竭，而男子的"阳精"则如潭中蓄水，异常珍贵，不仅有一定的限量，而且其质也特别重要，因此，"阳精"应该有规律地吸收它的自然滋补剂"阴精"，以此来强化自身，其途径就是性交。

为了采阴补阳，古代房中家强调要和多女性交，这就是《十问》所云"接阴将众"。在房中术典籍中，对此提得最多的是《玉房秘诀》：

> 欲行阴阳取气养生之道，不可以一女为之，得三，若九，若十一，多多益善。采取其精液，上鸿泉，还精，肌肤悦泽，身轻目明，气力强盛，能服众敌，老人如廿时，若年少，势力百倍。
>
> 御女欲一动辄易女，易女可长生，若故还御一女者，女阴气转微，为益亦少也。
>
> 青牛道士曰："数数易女则益多，一夕易十人以上尤佳。常御一女，女精气转弱，不能大益人，亦使女瘦瘠也。"

《玉房指要》也提出：

　　黄帝御千二百女而登仙，俗人以一女而伐命，知与

不知，岂不远耶？知其道者，御女苦不多耳！

应该说，以上这些论述实在太荒唐了。什么"多多益善"，"御女欲一动辄易女"，"一夕易十人以上尤佳"，这都是不把女子当人，而把她们纯粹当作工具使用了。

有些房中家认为，采阴还要择女，不仅要讲究女子的数量，还要讲究女子的质量，如明代的洪基在《摄生总要》中说：

> 炉鼎者，可择阴人十五六岁以上，眉清目秀，齿白唇红，面貌光润，皮肤细腻，声音清亮，语音和畅者，乃良器也。若元气虚弱，黄瘦，经水不调，及四十岁上下者，不可用也。

对于采阴，还有一套具体方法，如对女子"采舌"、"采乳"、"采阴（阴户、阴液）"等。古人认为，采阴有三宝，一为女子的唾液，称"红莲峰"；二为女人的乳汁，称"双荠峰"；三为女人的阴精，称"紫芝峰"，三者相加为"采三峰大药"。但是，这一套采补术早被社会上以及道教中的一些有识之士反对。例如宋元之际著名的全真教徒李道纯（字元素）将道教方术列为"旁门九品"，一一抨击，九品之中，下品有三，为邪道。他说：

御女房中，三峰采战，食乳对炉，女人为鼎，天癸为药，产门为生身处，精血为大丹头，铸雌雄剑，立阴阳炉，谓女子为纯阳，指月经为至宝，采而饵之，为一月一还；用九女为九鼎，为九年九返。令童男童女交合而采初精，取阴中黍米为玄珠。至于美金花，弄金枪，七十二家强兵战胜，多入少出，九浅一深，如此邪谬，谓之"泥水丹法"，三百余条，此大乱之道也。①

他又指出：

又有八十四家接法，三十六般采阴。用胞衣为紫河车，炼小便为秋石，食自己精为还元，捏尾闾为闭关，夫妇交合，使精不过为无漏，采女经为红圆子，或以五金八石修炼为丸，令妇人服之，十月后产肉块为至药，采而服之。如此谬术，不欲尽举，约有三百余条，乃下品之中，外道也。②

----

① 《中和集》卷二。
② 《中和集》卷二。

由此可见，无论用哪一种方法施行采补，在正统的丹道家眼中都被视为歪门邪道。九品丹法之谈，是李道纯根据全真教先性后命的内炼原则，对传统道教炼养方术的一次总结，其中所列举的几十种采补方法，为人们进一步认清采补术的荒谬性提供了宝贵资料。

宋元时期另一位著名道人俞琰在《席上腐谈》中，也一针见血地指出：

> 世传三峰采战之术，托黄帝之名，以为容成公、彭祖之所以获高寿者，皆此术。士大夫惑之，多有以此丧其躯，可哀也已。葛洪喻之为冰盆盛汤，羽苞蓄火，或以为舐刀刃之蜜，探虎穴之子，岂不险哉！

俞琰还举了一些例子，说明采补术之害人，例如唐相国夏侯孜，为采补阴精，和妓女交合，结果"泄卒"而亡；还有俞的外祖父，已七十岁了，因为修习采补术，"竟为此术所害"。

清人冯时可在《雨航杂录》中更进一步分析说：

> 但以御女求长生，则可断其必无。盖凡人欲动则精

流，如蹶张之弩，孰能御之？己之精不能制，而能采人之精乎？强制逆闭，蓄秽蕴热，为疽为肿，其蓄蕴至二三年者，一败则如决渠，死且不旋踵。

可是，不论怎么说，信之者仍大有人在。在中国古代的宫廷性生活中，曾有这样的规定：低等级的妃嫔应在皇后之前先和皇帝交媾，而且次数也要多一些，而皇后和皇帝行房一个月只有一次。因为人们认为，低等级的妃嫔年纪更轻，阴气更足，皇帝和这些妃嫔频繁交媾（但要少泄精或不泄精）以后，他的元气受到女子阴道分泌物的滋养和补益，越来越盛，逐渐臻于极限，这时如果和皇后行房，就容易使皇后怀孕，生一个天生素质较好的皇位继承人。

在古代的性小说中，对此也有不少描绘，如《金瓶梅》中潘金莲的贴身丫头春梅淫欲无度，最后死在和周义的交合之中。《杏花天》中则描述深谙房中术的封悦生引得名妓妙娘嫁给了他，"自此以后终夜欢狎，时刻聚首。封悦生丹田永固，而妙娘癸枯血竟，过残腊至次冬不及一周，妙娘淫欲，不惜身体，恹恹一病，名登鬼箓"。在《禅真后史》中也描述一个妇人因交合时真阴泄尽而死。

纵欲足以亡身，这是事实。但是什么吸阳吸阴一类的话，

则是小说渲染夸大、以讹传讹了。可是，这种"采阴补阳"的思想在以男子为中心的社会中流传很广，直至20世纪。20世纪80年代中期，中国西北某地发生过一起强奸亲生女儿案，案犯是一个中年石匠，他长期在农村走乡过镇，帮人盖房子，因为手艺好，收入比较高，就通过各种方法和多个妇女发生性关系。他在长期的流民生活中"学得"了房中术"采阴补阳"那一套，认为御女多多益善，一心想把性交对象凑满十个，以为

可以延年益寿，长生不老。后来他因工伤回家养病，这时他已
交过九个女人，还差一个，于是为了凑足"十"数，竟丧心病
狂地强奸了自己的女儿。

　　以上所述的这些阴阳学说、性修炼、"合气"等，和印度
教性力派的性理论和性观念有许多相似之处，性修炼的一些具

体做法和印度的瑜伽术也极为相像。但是，从目前所掌握的资料看来，还没有发现在中国土生土长的道教和印度教性力派在历史上有什么相互渗透和影响。

第三节　道教的建立和房中术

中国古代房中术在早期的一些性学古籍中已见端倪，可是真正把房中术深化、系统化并广泛运用于实践的是道教的创始者。他们并不仅仅停留于研究怎样使性交不伤身体，而是进一步研究怎样通过性交有益于健康长寿。这些事，始于东汉顺帝汉安元年（142 年）创立道教的张道陵。

张道陵是东汉时的沛国人，本为士子，博通五经，做过江州令。后来，他产生了一个想法：经书读得再多有什么用，人死一切皆空，于是就钻研长生之道，而且弃官隐居于洛阳的北邙山，给人治病；以后，又杖策游龙虎山，修炼成道。他创立了道教，凡是入教的都要出五斗米，所以也称为"五斗米道"；由于道教教徒尊张道陵为"天师"，所以他所创立的道教也称"天师道"。

张道陵给人治病，可是他并不是什么医学家，至多是施行

类似现代的理疗，而且又多从如何性交来进行治疗，"其治病事，皆采取玄素，但改易其大较，转其首尾，而大途犹同归也"。①《汉书·神仙传》还记载了他向徒众传授房中术作为修炼之法："故陵语诸人曰：'尔辈多俗态未除，不能弃世，正可得吾行气导引房中之事，或可得服食草木数百岁之方耳。'"

张道陵是怎样用房中术来为人们治病的？对此目前已很难查考了，可是从其他方面可以找到一些资料。北周时有个叫甄鸾的人，曾经做过司隶校尉，精于算术和考证之学，可以算是我国古代的一位数学家、学问家。他本来是个道教徒，可是后来皈依佛门，对道教反戈一击，写了《笑道论》，对道教大肆揭发、批判。他说："臣就观学，先教臣《黄书》合气之法，三五七九，男女交接之道。四目四鼻，两口两舌，两手两心，正对阴阳，法二十四气之数行道。"②这里所谓的"合气"，是当时流行的术语，即男女性交。天师道向道徒传授房中术，还要举行神秘的仪式，在朔、望之夜举行，在这之前男女要戒斋三日，举行仪式时先舞蹈，然后男女成对地实施"合气"，即《笑道论》中所说："男女至朔、望日先斋三日，入私房诣师

---

① 陈寅恪：《天师道与滨海地域之关系》，见《金明馆丛稿初编》，上海古籍出版社 1980 年版，第 3 页。

② 《广弘明集》卷九。

立功德，阴阳并进，日夜六时。此诸猥杂，不可闻说。"①

以上叙述虽然是骂道教的，但事实描绘上似不应有假，因为这一套做法，当时趋之者众，已广为人知。但是以什么观点来看，那是另一个问题了。

张道陵是道教房中术的"开山祖师"，他的儿子、孙子都继承了他的事业。儿子张衡（和汉代《同声歌》的作者同名同姓，但不是一个人）继续传道。孙子张鲁是汉末农民起义军的首领，曾经在汉中地区建立了一个政教（道教）合一的政权达30年之久，声势很大，三国时期黄巾军的首领张角就是其中的一员。后来，这个政权为曹操所破，张鲁降曹后被封为镇南将军、阆中侯。在古书中，称他们祖孙三人为"三张"，中国古代房中术的兴起，总是和"三张"的名字连在一起的。

"三张"出现于汉末。汉末、三国时期和魏、晋是个乱世，但同时又是房中术极为盛行的时期，这可能和人们"苟全性命于乱世，不求闻达于诸侯"以及"得行乐时且行乐"的心理有关。

在这一时期，出现了不少著名的房中术大师。例如，有一个叫冷寿光的，和给曹操治病却被曹操怀疑而杀头的名医华佗

---

① 《广弘明集》卷九。

是同时代人。史载冷寿光精通"御妇人法"，一百五六十岁了，须发皆白，但容颜仍像三四十岁的人。[1] 还有个"青牛道士"封君达，因常骑青牛而得名，史载他入山修炼了一百多年，看起来还像是二十多岁的人。[2] 还有甘始、东郭延年、左慈等人都是这方面的"专家"："率能行容成御妇人术，或饮小便，或自倒悬，爱啬精气，不极视大言。"[3]

晋代著名的道士葛洪，是房中术的大理论家之一。南朝梁、齐的陶弘景影响也很大。唐代的孙思邈也是一位房中术大师，所著《千金要方》中有不少关于房中术的重要理论。到了宋朝，宋徽宗赵佶也曾向茅山第二十五代宗师刘混康求"广嗣之法"，这是很含蓄的说法，实际上就是请教房中术。到了明、清，传授房中术的道士仍不乏其人，其中著名的有明朝张三丰等。但这时房中术的理论家已很少出现，而是比较正统的学者将房中理论依附于求子、优生与医药治疗；同时，出现了更多的"烧金御女"之士欺世惑众，走入邪道，反而败坏了道家与房中术的名声。

---

① 《后汉书·方术列传》。
② 《汉武内传》。
③ 《后汉书·方术列传》。

第四节　中国古代房中术的十二个大成就

中国古代房中术的内容太广，令人难以把握。不过，可以把中国古代房中术的成就（以现代眼光看来是科学的方面）归纳为以下 12 个方面，现代性科学中所包括的性生理学、性心理学、性社会学的许多基本观点，几乎都可以从其中发现脉络与萌芽。

一、正确地认识性

在禁欲还是纵欲的问题上，中国古人采取了一种平和、实际的态度，首先认为性是人类生活中一件自然、正常的事情，不可缺少。例如，《医心方·至理篇》强调了性生活是人的正常生活所必须，如果阴阳不交，反而会导致疾病发生。

> 黄帝问素女曰："今欲长不交接，为之奈何？"素女曰："不可。天地有开阖，阴阳有施化，人法阴阳随四时，今欲不交接，神气不宣布，阴阳闭隔，何以自补。练气数行，去故纳新，以自助也？"

明代的万全在《养生四要》中也从人的性需求和传宗接代

等方面强调了房室生活的重要性，认为禁欲是不对的：

> 夫食、色，性也。故饮食、男女，人之大欲存焉。口腹之养，躯命所关。不孝有三，无后为大。此屋庐子之无解于任人之难也。设如方士之说，必绝古，必休妻，而后可以长生，则枵腹之瘠，救死不赡，使天下之人坠厥宗者，非不近人情者之惑欤！

现代性科学认为，性是横贯终生的事情，即使是老年人，也有性需求与性能力，"欲不可绝"。对此，古人也有论述。我国古书中记载，百岁可以得子。如《内经》云："……帝曰：夫道者年皆百岁能有子乎？岐伯曰：'夫道者能却老而全形，身年虽寿，能生子也。'"《玉芝堂谈荟》亦记有："利津有老妪，年八十二生子……前巽子，张登妻，七十二岁嫁潘老，复生二子。"因此，现代人，尤其是现代老年人对此更不应该有什么顾虑了。

二、学习"交接之道"

现代社会中还有一些人认为性是无师自通、不教自会的，因此，性教育和性知识的传播是没有必要的，甚至会起到负面作用，诱使人去淫乐。可是老祖宗不这么看。《医心方·至理篇》引彭祖的话说：

> 爱精养神，服食众药，可得长生，然不知交接之道者，虽服药无益也。男女相成，犹天地相生也。天地得交会之道，故无终竟之限；人失交接之道，故有夭折之渐。能避渐伤之事，而得阴阳之术，则不死之道也。

在湖南出土的竹简《十问》中引用舜的说法，对于性："必爱而喜之，教而谋之。"《达生篇》说："阴阳交合避忌……世之为父兄者，每于子弟新婚时，谆谆训访，能知检点，不独偕老百年，益且克昌厥（其）后矣。"这都说明了性教育的重要。

性教育是一项终身教育，古人似乎对此论述不多。唐代的孙思邈在《千金要方·房中补益》强调，"年至四十，须识房中之术"，他说：

> 论曰：人年四十以下多有放恣，四十以上即顿觉气力一时衰退，衰退既至，众病蜂起，久而不治，遂至不救。所以彭祖曰：以人疗人，真得其真，故年至四十，须识房中之术。

孙思邈强调"须识房中之术"的重要性，这是正确的。但年过四十再学就晚了。关于夫妻性生活知识，应在结婚准备阶段就要掌握，否则，如果错误的做法在生理、心理和习惯上已成定式，到四十岁再纠正就很困难了。至于一般的性生理、性心理知识，则是应该在青少年甚至童稚期就要掌握的。

孙思邈又说："然此方之作也，非欲务于淫佚，苟求快意，务存节欲，以广养生也。非苟欲强身力，幸女以纵情，意在补脑以遣疾也，此房中之微旨也。"强调掌握房中术是为了保持性健康，这是正确的；但他不强调掌握房中术能使人增加性快乐，这可能是由于面对不少人把房中术用于淫逸与纵欲而故意回避了这一点，当然，增加性快乐也是应该的。

三、男女同兴，男女同乐

中国的封建社会是男权社会，女子社会地位低下，受男子的歧视与欺凌，其主要表现形式之一是片面强调女子贞节、女子缠足与卖淫等。而道家是反对歧视妇女的，它认为阴无阳不长，阳无阴不生，刚柔得其中，水火始既济，人物由兹孕育，阴阳就有匹配了。

这种男女平等的观念体现在房中术上就是"男女同兴"、"男女同乐"。

例如，早在战国时期就出现的《素女经》就强调男女双方必先有"爱乐"而后行，做到"相感而相应"。所以说："阴阳者相感而应耳，故阳不得阴则不喜，阴不得阳则不起。"最忌讳的是"男欲接而女不乐，女欲接而男不欲，二心不和，精气不感，加以猝上暴下，爱乐未施"。因此，提倡"男欲求女，女欲求男，情意合同，俱有悦心"。

《医心方·和志篇》也强调男女性生活要"男唱而女和，上为而下从"，相互配合，相互默契；否则，如果勉强交合，非徒无益，反而有害。它引《洞玄子》云：

> 男唱而女和，上为而下从，此物之常理也。若男摇而女不应，女动而男不从，非只损于男子，亦乃害于女人。

接着又引《玄女经》说：

> 男欲求女，女欲求男，俱有悦心，故女质振感，男茎强。

值得注意的是，这种"男女同兴"、"男女同乐"的思想多见于《素女经》、《洞玄子》、《玄女经》这些封建社会早期的性学著作，以后就不多见，这和封建社会早期男女不平等的观念还不那么强烈有关系。后来又逐渐盛行了"采阴补阳"以女子为性工具的观念，从这里也可以看到古代房中术在异化，封建礼教在发展。由此也可以看出中国古代房中术受社会发展影响之大。

四、重视性健康

古人总是把房中术与养生紧密相连，阴阳交合，不是图一时之快，而是要知其行、知其道，"男致不衰，女除百病"。例如《素女经》说："黄帝曰：'夫阴阳交接，节度为之奈何？'素女曰：'交接之道，故有形状，男致不衰，女除百病，心意娱乐，气力强。然不知行者，渐以衰损。欲知其道，在于定气、安心、和志。三气皆至，神明统归。不寒不热，不饥不饱，宁身定体，性必舒迟，浅纳徐动，出入欲希。女快意，男盛不衰，以此为节。'"这就是说，《素女经》认为男女交接之道以保持和增进男女双方的身心健康为基本法度、基本准则。

关于男女交会怎样才能有益于健康，早在长沙马王堆出土的汉墓中发现的竹简《天下至道谈》就提出了著名的"七损八

益"的理论，引导人们在性生活方面如何趋利避害。这个理论非常有名，贯穿在两千年的性学古籍之中，以后的一系列相关论述，也都万变不离其宗。

　　明代的张介宾所编撰的《景岳全书》在"七损八益"的基础上，提出了男女交合要掌握"十机"，才能使性生活和谐、身体健康，并可较顺利地得到子嗣。"十机"的论述，又较前人有所发展。

他所论述的"十机"是：

第一，交合时机不能太早，也不能太迟，大约在女方月经出尽一周后的若干天内交合，最易受孕。

第二，男女性交应相互配合，注意协调，以争取同时达到性高潮。

第三，男女体质有强弱之分，应相互照顾，使双方都得到乐趣。

第四，交合时进入过深过浅都不合适。

第五，平时要蓄积阴精，交合时才能有所泄泻。

第六，在行房前要养精蓄锐，房事要有节制，不能过多过密。

第七，男女交合前必须情投意合，心情轻松愉快。

第八，早期流产不仅和女方的体质有关，也和男方激情纵欲、性交过多有关。

第九，男女未发育成熟以及年老体衰，都不宜交合受孕。

第十，房事应自然地去做，不能勉强。只有阴茎充沛，肾气旺盛，才会自然地产生性要求，行之效果才好。

五、掌握性生理规律

在许多性学古籍中，对男女的性生理解剖、性生理发育和性卫生都有一些比较深刻而独到的见解。

例如，明代的《素女妙论·深浅篇》指出了女子性器官的结构：

> 女子阴中有八名，又名八谷：一曰琴弦，其深一寸；二曰菱齿，其深二寸；三曰妥谿，其深三寸；四曰玄珠，其深四寸；五曰谷实，其深五寸；六曰愈阙，其深六寸；七曰昆户，其深七寸；八曰北极，其深八寸。

了解这种结构，对男女健康地交合有很大好处。该书认为，男女交合不可太深，女子丹穴在脐下三寸，勿令伤之；如深至谷实（五寸）则伤肝，至北极（八寸）则伤脾。其实，早在马王堆汉墓出土的《天下至道谈》中，已指出女子阴道12个生理解剖部位了。

该书的《大小长短篇》也很有特色，居然以开明而具新意的态度讨论了男子阴茎长短大小的问题，而且和现代性科学的观点十分一致：

> 帝问曰："男子宝物，有大小长短硬软之别者，何也？"素女答曰："赋形不同，各如人面。其大小长短硬软之别，共在禀赋。故人短而物雄，人壮而物短，瘦

弱而肥硬，胖大而软缩，或有专车者，有抱负者，有肉
怒筋胀者，而无害交合之要也。"

这一段的意思是，男子的阴茎有大小长短的区别，这是
天生的，有人矮而阴茎长，有人高而阴茎短，有人瘦但阴茎
肥硬，有人胖而阴茎小软，这都不一定，但这对性交是没有
妨碍的。

该书的《大小长短篇》又说：

帝问曰："郎中有大小长短硬软之不同，而取交接快美之道，亦不同乎？"素女答曰："赋形不同，大小长短异形者，外观也，取交接快美者，内情也。先以爱敬系之，以真情按之，何论大小长短哉！"

以上这段论述真是十分科学、十分开明的。意思是，"交接快美之道"（男女通过性交获得充分的快乐）不在于男方阴茎之大小长短，不在于"外观"，而在于双方的"内情"，即内在的感情，要相互爱敬，出以真情，这是最重要的。这段论述对现代人也很有意义，因为现代有些男子总是忧心忡忡于自己的阴茎"不大"，难以使妻子满足，这种不必要的焦虑反而使他的性能力不能充分发挥。

六、掌握性心理规律

人类的性行为受心理的影响很大，这是人之异于动物的地方。即使体质好，也掌握性技巧，可是心理不稳定，也会影响性能力的发挥，降低交合效果。

在《医心方·至理篇》中强调了男女交合应有正确的心理和情绪，它引用《素女经》：

黄帝曰："夫阴阳交接，节度为之奈何？"素女曰："交接之道，故有形状，男致不衰，女除百病，心意娱乐，气力强。然不知行者，渐以衰损。欲知其道，在于定气、安心、和志。三气皆至，神明统归。不寒不热，不饥不饱，宁身定体，性必舒迟，浅纳徐动，出入欲希。女快意，男盛不衰，以此为节。

以上提出了交合前保持良好的心理状态的三原则："定气"，即不要劳累；"安心"，即心情放松；"和志"，即男女双方情意相投。同时，主客观环境要合适（"不寒不热，不饥不饱"），性交动作舒缓而不要急躁（"宁身定体，性必舒迟，浅纳徐动，出入欲希"），才能有良好的交合效果。

在《十问》中也有类似的阐述。如"王期见秦昭王问道"这一段说："接阴之道，以静为强，平心如水，灵露内藏，款以玉策，心毋怵荡，五音进答，孰短孰长。"这段话的意思是，男子与女子性交的原则以情绪平静为贵，心情要平静如水，可使阴茎内藏而不外溢。以阴茎刺击女子阴户，内心不紧张，听女子的五种呼吸声，就可知道该如何调整性交动作。

在性学古籍中，还可经常见到"当视敌如瓦石，自视如金玉"这一类的话。古人常把男女交合喻为战斗，把对方喻为敌人，这是很使人难以理解的。但是，男子在交合时不要自卑，要有信心，这是对的。对于人类来说，初民几乎完全没有什么"操作焦虑"，但随着以后性文化越发展，性禁忌和心理上的怀疑顾虑就可能越多，对有些不必要的顾虑应该破除，这是现代性心理学所研究的一个重要内容，而这在两千多年前的中国性学古籍中已有涉及了。

七、重视"性前戏"

不少现代中国人还不知道"性前戏"这个名词，不少妻子埋怨丈夫"上床就干"，使夫妻性生活不是快乐而是苦恼。可是，古人在许多年前就十分强调"性前戏"的问题了。

例如，唐代的孙思邈在《千金要方·房中补益篇》中说：

> 凡御女之道，不欲令气未感动、阳气微弱即交合。
> 必须先徐徐嬉戏，使神和意感，良久，乃可令得阴气，
> 阴气推之，须臾自强。

嬉戏之道，在《洞玄子》中有段精彩的描述："凡初交合之时，男坐女左，女坐男右，乃男箕坐，抱女于怀中。于是勒纤腰，抚玉体，申燕婉，叙绸缪。同心同意，乍抱乍勒，二形

相搏，两口相一，男含女下唇，女含男上唇，一时相吮，茹其津液，或缓啮其舌，或微龁其唇，或邀遣抱头，或逼命拈耳，抚上拍下，嚇东啮西，千娇既申，百虑竟解。"原文大意是：男女相合，男坐女左，女坐男右，乃男箕坐抱女于怀中，于是勒搂其细腰，抚摸其玉体，申诉美好的语言，叙述殷情的情意，双双同心同德，时而拥抱，时而抚摸，两体相互摩擦，两口相互亲吻，或抵弄其舌，或轻咬其唇，抚上拍下，亲东吻西，令女千娇百态，思虑尽解。

当然，夫妻房事前的戏乐，并非只限于抚爱，戏道可以多种多样，同时可不断深入。如《玉房指要》中说："先令妇人放平安身，屈两脚，男入其间，衔其口，吮其舌，拊搏玉茎，击其门户东西两旁。如是食顷，徐徐内入。"说明夫妻间的性器官相摩擦，也是激发性欲最有效的性前抚爱活动之一。

以上这些准备工作是十分重要的。古人十分强调男女的性交质量与"男女同乐"，而能不能做到这一点，和性前戏的有无与充分与否大有关系。

许多实践经验证明，如果性前戏做得不好，确实大有碍于房事的顺利进行。《玉房秘诀》中有明确的阐述："交接之时，女或不悦，其质不动，其液不出，玉茎不强，小而不势，何以尔也？玄女曰：阴阳者相感而应耳，故阳不得阴则不喜，

阴不得阳则不起。男欲接而女不乐，女欲接而男不欲，二心不和，精气不感，加以猝上暴下，爱乐未施。"很显然，如房事前"爱乐未施"，则男方不能感动女方，女子无喜悦感，就不会响应；如女子不能感动男方，则男子阴茎不能勃起，就不会主动，这时双方情欲不协调，情意相悖离，精气不能相互感应。在这种情况下匆忙交合，动作又粗鲁，则会引起对方的反感与厌恶，这对于性生活大为不利，是不符合性卫生、性保健的。

古人对此还有"三至"与"五至"之说。《广嗣纪要·协期篇》对《天下至道谈》之"三至"作了进一步的阐述:"男女未交合之时,男有三至,女有五至……男三至者,谓阳道奋昂而振者,肝气至也;壮大而热者,心气至也;坚劲而久者,肾气至也。三至俱足,女心之所悦也。"将"三至"与脏气相联系是符合医学道理的,说明男子的性兴奋是人体精、气、神的综合反应。现已证实,性的兴奋并不只限于性器官的兴奋,而是多系统的组织、器官都参与作用。三脏气至,阴茎勃起、壮大,发热持久,则可促进女方的性欲和喜悦。毫无疑问,当男子兴奋至此,是交合的最佳时机,有利于性高潮的出现。

如果男子三气未至,而强行交合,会出现什么结果呢?《广嗣纪要·协期篇》做了很好的回答:"若痿而不举者,肝气未至也;肝气未至而强合,则伤其筋,其精流滴而不射矣。壮而不热者,心气未至也;心气未至而强合,则伤其血,其精清冷而不暖也。坚而不久者,肾气未至也;肾气未至而强合,则伤其骨,其精不出,虽出亦少矣。"这清楚地说明了男子三气未至而交合,不仅不能获得满意的性生活,而且还可造成许多不良后果。

对于女子性兴奋的激发,古人还有"五征"、"五欲"、"五音"、"五气"、"九气"之说。

五征。马王堆竹简《合阴阳》是这样描述的:一是精上引而面部发热，当徐徐呼气；二是女子乳头坚起而鼻上渗出汗珠，当徐徐拥抱；三是舌苔甘淡而舌滑利，当徐徐偎依；四是女子阴液向下流湿大腿，当徐徐操动；五是女子不断做吞咽动作，便徐徐地摇动。

五欲。《素女经》述云：一是谓女于内心产生性交欲望，则屏住呼吸；二是谓女阴欲得充塞，则鼻口张开；三是谓女子达到性高潮时阴液剧流，性痒已极，故摇动身子而紧抱男子；四是女子心里得到性欲的满足，则汗液浸湿衣裳；五是性交的快感已经达到了高峰，则身体直而挺，双目闭合。

五音。《天下至道谈》中所述"五音：一曰喉息，二曰喘息，三曰累哀，四曰吹，五曰啮。审察五音，以知其心；审察八动，以知其所乐所通"。以上是说，在性交过程中，女子因产生性快感而发出五种声音：一是张口呼吸，二是急促地喘气，三是发出一种叹息声，四是呵气，五是亲吻交啮。要仔细审听这五种声音，以了解女方的性反应；要了解八动，从而知道女方对性交的快乐和满意程度。

五气。《广嗣纪要·协期篇》是这样描述的：女子性兴奋有五种表现，面部充血潮红，眉间唇颊红晕出现，是心之精气来至的反应；眼内湿润，含情脉脉，频送秋波，是肝气来至的表现；低头不语，鼻出清涕，是肺之精气来至的反应；依偎男

体，身体不自主地动作，是脾之精气来至的征兆；阴户张开，玉液淫溢，是肾之精气来至的征候。五脏精气均已来至，性的兴奋已达到较强的程度，此时实施交合，性生活就会无限美好。

九气。这是《玉房秘诀》对女子性兴奋的外在表现的描述：若女子眼球湿润，脉脉含情，频送秋波，则为肝气来至（按：所言九气，实只有八气，缺肝气。此为《中国古代房室培养生集要》作者宋书功先生补充）；呼吸加深，时多唾液，则为肺气来至；若咿咿呻鸣，亲啮对方肌肤，则是心气来至；若紧紧抱住男子，力且持久，则为脾气来至；以舌啮男子舌上津液，是骨气来至；用双脚勾缠男子，则为筋气来至；用手抚弄男子的阴茎，则为气血来至；主动抚摸男子的乳头，则是肉气来至。

八、改进性交方法

经过性交前的徐和、软松、愉快的嬉戏，男女之间神气和谐，情意相感，性欲感奋，"男欲求女，女欲求男，情意合同，具有悦心，故女质振，感男茎，盛男势，营扣俞鼠，津液流溢，玉茎施纵，乍缓乍急，玉户开翕……"[1]就可以顺势进行交合了。

古人关于男女交合的具体方法的论述也很多。例如《合阴阳》提出所谓"八动"：

一是女子两手抱人，是想要使腹部相互贴附；二是伸直臂肘，是想要摩擦胸部和触刺阴部；三是伸直腿脚，是男子的阴茎刺入的深度不够；四是从侧而钩人，是要求刺摩阴户的两旁；五是举足向上钩人，是要男子向阴道的深处冲刺摩擦；六是大腿相交，是因为挺刺太深的缘故；七是身体平展跃起，是

---

[1] 《玉房秘诀》。

要求男浅刺；八是全身振动，是想要交接持久。

《合阴阳》还提出了"十动"论述阴茎刺摩阴道的部位、快慢、稀密、浅深要有所不同。

古人还十分强调性交要和气功相结合。例如，和《合阴阳》同时出土的竹简《十问》中就有许多论述。

男女性交当然要达到性高潮。道教人士对性高潮的理解也有独特之处。他们认为，目前一般男女交合只是达到生殖器高潮，可是还有全身高潮和灵魂高潮。高潮提升是一种技术，它能帮助男子和女子把性能量从生殖器提升并让它穿越自己身体的其他部分来循环，使高潮能量渗透到身体的每一个细胞。中国传统医学和道家学说很早以前就勾画出性能量和微循环的途径，它是从生殖器官升起，沿着脊柱上升到头部，顺着舌头和身体前部下降到肚脐，再回到性器官，这是运用心灵推动性能量沿着这个路径行进。道家说"心动则气动"，人们会聚专注力在何处，气就向那里汇集和增加。

高潮向上提升是一种技术，当然需要学习与训练。"食、色性也"，如果把男女通过性交获得高潮仅仅看成是生殖器高潮，这仅是自然需求，和动物没有多大区别，而高潮向上提升则是脱离动物性的一种文化现象。道教的房中术认为，学会培养一个人的性能量将给予一个人性的自由，这是很少人能拥有

的，它会让人们在想要的时候唤起性，当不想要的时候，将此
强大的性能量循环，恢复余生的活力。现代有位研究道家性文
化的外国专家说：提供给人们的性能量是一天 24 小时都有的，
但大多数人让自己挨饿。一个人可以在任何时候培养性能量，
感知巨大的快乐，改善健康，甚至在没有生殖器高潮的情况下
去扩展人际关系中的情感和精神亲密。性能量的本质是人们的

健康、创造力和欢乐，无论在床上还是不在床上。①

可见，道家关于性高潮的概念是一个多样性高潮水平的扩展过程，从生殖器性高潮到全身高潮，然后是来自灵魂充满活力的性高潮。生殖器性高潮是最常被体验到的高潮，它通常是快速的，而不释放大量的疗愈能量。全身高潮来自大脑和全身的性能量循环，它可以单独（独自）或双重（伙伴）实现，会释放治疗能量。灵魂高潮来自交换能量和与自己的伴侣融合——"灵魂交换"。

通过培养性能量的实践，掌握扩大性能量的技能与能力，男人和女人都可以有多元高潮体验，超越普通的射精或贯穿整个身体和大脑的奇妙高潮，超出躯体的限制，而在位于"三宝"（精、气、神）的水平，使和谐、生命力、健康达到最优化，从而实现长寿和潜在的长生不老。

有人认为："一个在生理、心理和精神层面的所有方面一起扩展的高潮类型，是人类性行为的一个终极追求，它为男人去体验更强、更长和伴随精神和人文元素的多维高潮的深度愉悦提供了机会，打开了一扇窗户；它可能在关于人类自我成长、自我实现、人类潜能方面提供了更多元化的和更全面的视

---

① 参见陈见：《道家的性哲学和性实践导论》，载《中国性科学》2013 年第 3 期。

野，相应地为人生的其他方面有更好的创造性、更健康带来了更多的能量；或许，这将减缓人的衰老过程，并且实现潜在的'不朽'——精神上的而非躯体意义的。当然，通过性能量的培养练习和恰当的射精控制，男人也可以去体验多元高潮，这并不排除任何男人作出有时仅为基本的愉悦而不伴有精神或人文因素的选择。但是男人会有更多的选择，在射精之前或不射精的情况下有更高的多样高潮，包括射精时的快速生殖器高潮，所有这些都在于他自己的选择。"①

这实在是个既古老又新鲜的课题，值得研究。

中国的性学古籍还充分描述了男欢女爱、云散雨收，过了一次完美的性生活的表现。《合阴阳》将"十已"作为夫妻交合大功告成的标志。交合"十已"的征候是：一已是出现清新凉爽的感觉；二已就可闻到烧烤骨头的气味；三已是闻到焦燥的气味；四已是阴部产生如油膏似的分泌物；五已是可闻到稻谷一样的清香；六已是阴部十分润滑；七已是交合能够持久；八已是阴部分泌物如浓稠的脂肪；九已是阴部分泌物如胶似漆；十已是精气耗竭。耗竭之后又会有滑溜，清新凉爽的感觉重新出现，这就说明一次房事圆满完成的特点。女子鼻上出汗

---

① 参见陈见：《道家的性哲学和性实践导论》，载《中国性科学》2013 年第 3 期。

而嘴唇发白，手足都在抖动，臀部离开垫席，男子当及时停止交合，如果等到阴茎萎缩还不停止交合就将会造成损害。这个时候，前阴部位因气血汇集而扩张，精气输入内脏，就对健康大为有益。

九、变换性交体位

性交有不同的体位和方法，其作用一是提高兴趣，二是适合于不同的体质、疾病和怀孕等情况，有利于维护健康。古人把这些不同的性交体位和方法和动物的名称及动作联系起来，取了一个个漂亮而又玄虚的名称，这可能是法乎自然、对大自然的模仿，也可能是对久远的动物状态的回忆。这些动作五花八门，今人在这方面所了解的可能也莫过于此。《洞玄子》云："考核交接之势，更不出卅法，其间有屈伸俯仰，出入浅深，大是同，小有异，可谓括囊都尽，采摭无遗"，这似乎并非夸大之词。

对此，《素女经》中提出了"九法"：

一为龙翻，即如龙交合时的翻腾。

二为虎步，即像虎步游的交合。

三为猿搏，即交合动作如猿之搏戏。

四为蝉附，即如蝉之附树。

五为龟腾，即像龟鳖交合之腾转。

六为凤翔，即像凤凰飞翔之交合。

七为兔吮毫，即如兔交时吮舐毫毛之状。

八为鱼接鳞，即如鱼交其鳞相接之状。

九为鹤交颈，即如白鹤交合时抱颈而动。

《洞玄子》中提出了"三十法"：

一为叙绸缪；二为申缱绻；三为曝鳃鱼；四为麒麟角；五为蚕缠绵；六为龙宛转；七为鱼比目；八为燕同心；九为翡翠交；十为鸳鸯合；十一为空翻蝶；十二为背飞凫；十三为偃盖松；十四为临坛竹；十五为鸾双舞；十六为凤将雏；十七为海鸥翔；十八为野马跃；十九为骥骋足；二十为马摇蹄；二十一为白虎腾；二十二为玄蝉附；二十三为山羊对树；二十四为鹍鸡临场；二十五为丹穴凤游；二十六为玄溟鹏翥；二十七为吟猿抱树；二十八为猫鼠同穴；二十九为三春驴；三十为秋狗。

以上"九法"与"三十法"是我国古代房中术著作中的性交姿势，说明了我国古代宫廷与民间男女性交时并非取单一姿势，而是五花八门，有些确能使夫妻双方提高情欲，促进和谐。事实证明，根据人的素质、体形和其他情况采取不同的体势确实有益于健康，这可能是人类的性生活与其他动物的不同点之一。

以上这些体位，尽管在名称上稀奇古怪、五花八门，但是分析下来也不外乎以下几种姿势：

第一是男上位。男上女下，这是最通常的姿势。男在上，便于主动、进攻。欧洲中世纪的教会十分保守，实行性禁锢，但是又不能完全禁止性交，于是就规定男女性交只能是这种体位，其他体位都属非法，于是人们就把这种体位称为"教会式体位"。

第二是女上位，也称骑乘式。即女性骑在男性的上面。对于男性超重、肥胖者比较适宜，因男性身体超重，女性在下难以承受男性体重的压挤。用这种体位，女子完全掌握了性交的主动权，她可任意做她喜欢的动作，并可通过抚摸、刺激乳房、阴蒂等动情区迅速使自己达到性兴奋的高潮。虽然男性处于被动地位，却能清楚地看到女性那种自由、陶醉于欢快之中的优美情状，这本身就是一种对男性的强烈刺激。男性虽然在行动上受到一些束缚，但他的双手可自由地做爱，而且还可稍微屈膝给女性提供倚靠的休息台。

第三是坐位。坐位可使双方上身紧贴，比原来的骑乘式接触更加紧密，亲吻、抚爱更为有利，同时还可作左右或圆形运动。但这种坐位姿势对妊娠妇女或过度肥胖的女性不适宜。

第四是后入位。这种体位虽然对插入不太方便，女性的阴蒂得不到刺激而难以达到性高潮，但对男子来说却能特别引起兴奋，原因是除视觉刺激外，还能将男子外阴与女子的臀部紧密接触，因此能迅速产生性高潮。这种体位对妊娠期的女子尤为适合。对性欲较强、容易达到性欲高潮的女子和性欲相对较低的男子也是可取的。这种体位对夫妻双方比较苗条瘦小的人取得性交成功的可能性大，而对丰满肥腴女人和大腹便便的男人采取此体位，则性交成功的可能性要小些。后背式由于受孕的机会少，人们也经常采用这种姿势做爱，以预防受孕。

△ 《洞玄子》所述的卅法

还有左侧位、右侧位等，其作用在以上几种体位之间。还有所谓"六九式"，即男女同时进行口交。

总而言之，男女在性交时，无论采用何种体位，都要根据男女双方的具体情况，从长期的性生活中摸索总结、选择，以丰富双方的性生活，这样才能"乐"、"益"双收。

十、适时、适度、适宜

道教提倡房中术，但是十分讲究其中的"度"，既提倡"欲不可无"、"欲不可绝"，又主张"欲不可早"、"欲不可纵"，这很可能是受了孔孟之道"过犹不及"的中庸之道的影响。适时、适度、适宜是中国古代房中术的基本原则。

古人反对交合过早，认为男女的身体如果没有发育到一定的程度，过早交合，则有害无益。

《尚书大传》云："孔子曰：'男三十而娶，女二十而嫁。'"可见古代提倡的男子婚龄比现在我国《婚姻法》规定的结婚年龄要晚，女子婚龄则相同。古人为什么要提倡晚婚呢？在《三元延寿参赞书》中明确指出："书云：'男破阳太早，则伤其精气；女破阴太早，则伤其血脉。'"故《褚氏遗书》说："男虽十六而精通，必三十而娶；女虽十四而天癸至，必二十而嫁。皆欲阴阳气实，然后交合。"清代医家汪昂在《易药元诠》中特别指出："交合太早，所丧天元，乃夭之由。"

在这个问题上，古人由于盼早得子、婚后增加家庭劳动力等原因，早婚的还是比较多，但是以上理论还是正确的。

古人对于性交频率也有许多论述，认为：人有强有弱，年龄有老有壮，要根据各自的年龄、体质而行事，不要逞强图一时之快，否则对人体有害。如《医心方》提出：年二十，强盛者一日两次，瘦弱者一日一次；年三十，强盛者一日一次，虚者二日一次；年四十，强盛者三日一次，虚者四日一次；年五十，强盛者五日一次，虚者十日一次；年六十，强盛者十日一次，虚者二十日一次；年七十，强盛者三十日一次，虚者不交。

其他古代性学著作如《素女经》等也有和以上差不多的论述，都认为性交频率要随不同的年龄和不同的健康状况而定，这是科学的。不过现代性学还认为夫妻感情的好坏和性交频率也大有关系。根据古人的论述，人到了七十岁性生活就差不多可以画上句号了，现代人的情况则未必。过去，"人生七十古来稀"，现在由于经济和科学的发展，活到八十岁、九十岁身体健康的还不少，那么在性交频率方面年龄因素就应该大大推后了。

当然，古人在性交频率问题上提倡节欲，不要过头，则是对的。《千金方》说："善摄生者，凡觉阳事辄盛，必谨而抑之，不可纵心竭意以自贼也。"《万病回春》说："若夫七情五志之火飞越，男女声色之欲过淫，是皆虚损之所由也。"

古人认为，阴阳交合还要讲求自然环境，如《诸病源候论》说："良宵佳境，夫妻心情平和舒畅交媾而孕者，其后代不仅长寿，而且智慧过人。若处在险恶环境，怀异惧之情而交媾，不仅无孕，更当虑及后代智劣命短。"《千金翼方》说："凡人生多疾者，风日之子，生而早死是晦日之子"，"此乃天地之常规也"。《王氏医存》说："凡人狂风暴雨，日月食及醉、怒、哭泣等时，皆不可交媾。求嗣诸女科书论之详矣。"

以上论述是说，男女交合、求嗣，应该选择良好的自然气候、时间和空间环境。古人的天人观强调天和人的统一性，认为人在天地之中，人在大气之中，各种生理活动都与自然界的节律相关，气候变化对人体有明显影响。因此，男女交合应选择适合的季节、时间与气候条件。

十一、性功能障碍治疗

我国的传统医学对性功能障碍的治疗方法很多，有丸散、推拿、针灸、气功、药饮、食补、药浴等，这些方法散见于许多医学古书与性学古籍中。和西方性医学相比，它有许多尚待研究的神奇功效，现在已越来越引起全世界的注意。

关于治疗性功能障碍，古人很讲究运气，如前所述两千多年前的《天下至道谈》中分析阳痿的原因是："肌不至"，"筋不至"，"气不至"，所以要"三者皆至"。

和《天下至道谈》同时在马王堆汉墓出土的帛书《养生方》，一开始就提出"老不起"，这显然是指阳痿这一类的男子性功能障碍，其残余部分的内容与《天下至道谈》大致相同，认为人必须蓄积精气，有精气则生，无精气则死。性交时男子出现阳痿，或是阴茎勃起但不坚硬，就是因为精气虚弱的缘故。饮食能滋补身体，而纵欲则损伤年寿，所以圣人主张男女交合必须遵循一定的法度，性交要有节制；性交动作要舒缓，切忌粗暴气躁；要模仿许多动物的姿态作为性交方式，并要坚持做房中气功导引。此外，还要了解女子的阴道结构，对性交动作的高、低、深、浅、左、右等都是很讲究的。

为治疗性功能障碍，古人探索了许多种植物和动物作为药物来运用。西医治病，往往是就事论事、对症下药，"治标"的作用很明显；而以中国的传统医学治病，则以调节体内的系统循环为主，强调滋补、调理以"治本"，并十分强调把天地之气与人结合起来。这方面的方法与手段很多，需要很好地汇总与整理。

在这方面，还有许多古老的传说，例如淫羊藿是一种著名的强精药草，据说过去四川有人发现有的羊一天之中可交合一百多次，究其原因就是常吃这种草，故名淫羊藿。还有，何首乌这种蔓草有种有趣的现象，一到夜晚，雌雄就交缠在一起，直到清晨太阳出来前才分开。据说古代有个何公煎服此草之根，七日后性欲提高，几个月后性无能得到了根治，一年后百病全消，白发变成了黑发，返老还童，还生下了几个男孩。

在这些性治疗的药物和方法中，最引人注意的是壮阳之药。这是因为，在几千年前以男子为中心的社会中，女子是男子的玩物，有些男人虽妻妾成群，却往往力不从心，这就对医学和房中术的发展提出需要，这种需要的满足与发展真是史不绝书。

可是阳痿不举，强令之起，这并不是性治疗的好方法，而只能是中国古代房中术中的一些歪门邪道。许多道家、医学家都对久服春药持否定态度。如《内经》载岐伯曰："夫芳草之气爽，石药之气悍，二者其气急疾坚劲，故非缓心和人，不可以服此二者。"《千金方》中说："贪饵五石，以求房中之乐，此皆病之根源。"《五杂俎》中言："一切壮阳之剂，久服皆成毒发疽。"《遵生八笺》中说："服丹石以快欲，肾水枯燥，心火如焚，五脏干裂，大祸立至。"

比较"正统"的传统医学和古代房中术都提倡平和、自然、舒缓，而不要强求、暴起，否则有害于身体健康。可是，阳痿患者总希望能收"立竿见影"之效，而不耐心慢慢地"治本"。现代中国自20世纪90年代以来，性保健事业迅速发展，但是如何研制一种既"治标"又"治本"的药物，还是摆在研究者面前的一个问题。

现代有些性治疗专家认为老庄哲学对性心理治疗十分有益。例如，台湾的著名性学家、性治疗专家文荣光教授就十分提倡这个方面。他认为"无欲则刚"是男子一定要消除在和女方做爱时"表现英勇"的思想压力；"有容乃大"则是女方要完全接纳男方的性表现，多多慰藉与鼓励，不要动不动就表示不满；"返璞归真"就是男女双方在性方面要无所掩盖，绝对自然的事情要绝对自然地讨论，要表达怎样做才能进一步地达到性满足，不要羞于裸裎相对，等等。如果能按这些道家的思想去做，有些性功能障碍也许能不治而愈。

十二、求子与优生

中国人自古以来十分重视子嗣，"上以事宗庙，下以广继嗣"成为男女交合的一个主要目的，于是求得子嗣就成了中国古代房中术研究的一个十分重要的内容。特别是到了明、清封建社会的晚期，房中术更是依附于"求子"、"优生"而发展。

南北朝时的褚澄著有《褚氏遗书》共十篇，其中受形、精血、问子等篇都和性与生育密切有关。他论述了怎样媾精受形，胎分男女：

> 男女之合，二情交畅，阴血先至，阳精后冲，血开裹精，精入为骨，而男形成矣。……阴阳均至，非男非女之身；精血散分，骈胎、品胎之兆。

△ 无欲则刚

　　以上论述了为什么会生男、生女、成双胞胎或三胞胎，一些说法和现代医学、生理学理论不同，但也值得探讨。

　　千百年来，如果没有孩子，男子多怪女方，甚至以此作为"出妻"的首要理由。这种思想到今天仍在一些人的头脑中存在。而南宋名医陈自明的《妇人良方》卷九的《求嗣》中指出，要从男女双方来找原因，在当时的时代条件下，这是一个很重要的进步思想：

　　　　窃谓妇人之不孕，亦有因六淫七情之邪，有伤冲任；或宿疾淹留，传遗脏腑；或子宫虚冷，或气旺血

衰，或血中伏热，又有脾胃虚，不能营养冲任。审此
更当察其男子之形质虚实何如：有肾虚精弱，不能融
育成胎者；有禀赋元弱，气血虚损者；有嗜欲无度，
阴精衰惫者，各当求其原而治之。

元代李鹏飞在《三元延寿参赞书》中也论述了类似的道理。
他认为"劳伤过度"、"精气伤败"是造成不孕的一个重要原
因，他说："书云：丈夫劳伤过度，肾精不暖，精清如水，精
冷如冰，精泄聚而不时，皆令无子。近讷曰：此精气伤败。"
同时，他又认为女子过于劳损，伤了气血，或有些妇科疾病没
有治愈，也会影响受孕："书云：女人劳伤气血，或月经愆
期，或赤白带下，到阴阳之气不和，又将理失宜，饮食不节，
承风取冷，风冷之气乘其精血，结于子藏，皆令无子。"实际
上，如果夫妻不育，其原因应该从男女两个方面来找，这些论
述是科学的。

关于怎样才易于受孕，这方面的叙述在医学古籍中真是连
篇累牍。较早的是《素女经》，唐代的孙思邈在《千金要方》
中也有类似的阐述，这些观点曾被后世的许多著作所援引：

有欲求子者。但待妇人经绝后一日、三日、五日，

择其王相日及月宿在贵宿日，以生气时夜半后乃施泻，有子皆男，必寿而贤明高爵也。以月经绝后二日、四日、六日施泻，有子必女。过六日后勿得施泻，既不得子，亦不成人。

以上许多论述是否科学，还有待证实。至于怎样才能得男或得女，在现代社会中也是说法不一，而且社会并不主张研究，因可能会引起社会性别比例的失调。至于夫妻在何日何时性交而得子，"必寿而贤明高爵"，这显然很不科学，如果全世界的父母都照此办理，生子都做高官，那么谁来做老百姓呢？

中国的古人不但追求子嗣，还讲求优生。古人对优生的理解是：正常、健康、素质好，而且将来能够大富大贵。

褚澄在《褚氏遗书》中指出，父母的年龄、体质对子女有很大影响：

父少母老，产女必羸；母壮父衰，生男必弱，古之良工，首察乎此。补羸女，先养血壮脾；补弱男，则壮脾节色。羸女宜及时而嫁，弱男宜待壮而婚，此疾外所务之本，不可不察也。

褚澄还认为，男女过早地性交对后代不利。他讲了这么一件事：建平王有很多妃妾，均无子，择良家女未笄者性交，又无子，就去问褚澄这是什么原因，褚澄对此说了一段很有名的话：

　　合男女必当其年，男虽十六而精通，必三十而娶；女虽十四而天癸至，必二十而嫁。皆欲阴阳气完实而后交合，则交而孕，孕而育，育而为子，坚壮强寿。今未笄之女，天癸始至，已近男色，阴气早泄，未完而伤，未实而动，是以交而不孕，孕而不育，育而子脆不寿，此王之所以无子也。然妇人有所产皆女者，有所产皆男者，大王诚能访求多男妇人，谋置宫府，有男之道也。

　　以上这段论述被后代医家经常转录、引用。这是关于婚龄（开始性交的年龄）的探讨。如果女子年龄太小，不到十五岁就想交合求孕，则可能不但不能受孕，还会损形。所以他提出了男子"必三十而娶"，女子"必二十而嫁"，这是有科学道理的。不过，他认为生男生女与有些女子的禀质有关，这和现代科学的观点不太符合。

　　女子怀孕以后，则要重视胎教。《洞玄子》指出：

凡女怀孕之后，须行善事，勿视恶色，勿听恶语，省淫欲，勿咒诅，勿骂詈，勿惊恐，勿劳倦，勿妄语，勿忧愁，勿食生冷醋滑热食，勿乘车马，勿登高，勿临深，勿下坂，勿急行，勿服饵，勿针灸，皆须端心正念，常听经书，遂令男女如是聪明智慧，忠贞贤良，所谓教胎者也。

古代的房中书和医书在子嗣和优生的问题上，还有些近于巫术或迷信的做法。例如，《玉房秘诀》云："妇人无子，令妇人左手持小豆二七枚，右手扶男子阴头内女阴中，左手内豆着口中，女自男阴同入，闻男阴精下，女仍当咽豆，有效，万全不失一也。女人自闻知男人精出，不得失候。"这样做，就能"万全不失一"地得子，真是无法解释。该书又援引论述说："妇人怀子未满三月，以戊子取男子冠缨烧之以取灰，以酒尽服之，生子富贵明达，秘之秘之。"这就更加匪夷所思了。看来，对古人所述，确要加以分析才是。

▷ 三访天师府（2002年4月，左为台湾的文荣光教授）

道教的异化

在中国历史上，道教建立以后，有过很长时期的兴盛过程，但是从元、明以后，几乎是不可扭转地走向衰微。这有内因、外因两个方面，当然内因是主要的，这就是道教在初始阶段那些对民众、对社会起积极作用的内容和做法被扭曲了，道教文化被异化了，房中术也被异化了。

第一节　修炼变成了巫术

巫术，在中国通常称之为法术。既是法术，就要作法，所以人们常把巫术和巫法、巫技联系在一起，这是人们想控制客观环境又没有足够的认识和有效的手段时所采取的一些虚幻手段。在人类历史上，也包括现在，总存在着一些限于当时的科学发展水平而难以用武之地，这就是巫术得以孳生、泛滥的基础。所以科学和巫术是绝对对立的两极，此长彼消，此消彼长。在愚昧落后的过去，巫术得以猖獗一时，而在科学昌明的今天，它只能作为一种愚昧而荒谬的旧习俗残存着，人们越来越多地认识到它的危害性而加以反对。

巫术有许多分类方法，如果从其目的与作用看，可分为祈禳和制敌两类，前者叫白巫术（又称吉巫术），后者叫黑巫术（又称凶巫术）。如果按其方法与手段分，可分为消极巫术和积极巫术，前者是以无行为表现的方式避开祸端的一种方术，主要表现为禁忌；后者是以祓、禊、祛、符、咒、诅、祟、禳、祝、祝由、厌胜（压胜）等行为去消除祸端。

在古代社会，人们常以巫术来祛病、保平安、求子、求爱。在求爱的问题上，敦煌石窟书中的《攘女子婚人述秘法》颇有代表性。"攘"同"禳"，祈求的意思；"婚人"即已婚者，"攘女子婚人述秘法"就是已婚者如何去祈求异性之爱。

首先是已婚女子在得不到丈夫之爱时怎样去争取获得，从敦煌写本看，有以下四种方法：

一是女方赤着脚，放在丈夫肚脐处抓痒，挑逗丈夫，使丈夫开心。

二是把丈夫的大拇指甲烧成灰，放在酒中喝下去。

三是女子拔自己双眼睫毛 14 根，烧成灰而放在酒中喝

△ 神　符（江西龙虎山天师府）

下去。

四是要把自家门户下五寸范围的泥土取出。

男子对女子的求爱法，既包括未婚男子，也包括已婚男子如何去追求女子，从敦煌写本看，方法有八：

一是如果丈夫得不到妻子的爱，可能女方有鬼魂附体，可在某月的第一天用东南这个吉利方向的桃枝做一个木人，写上女方的名字，放在厕所中，鬼就会跑掉，就可得到女方的爱情了。

二是少男要得到某姑娘之爱，在庚子日这个吉日，写上姑娘的名字，贴某处，如果姑娘无主，就可以得到她了。

三是男子要和女子私通，在庚子日把女方的姓名写在纸上，把纸贴在自己腹上，不出十天就可以到手。

四是如果男子要得到某女子的爱，取该女头发 20 根，烧成灰，和在酒中服之，就成。

五是男子要想和某女私通，在庚子日把女方姓名写在纸上，烧成灰，和酒服之，就有效果。

六是男子要想和某女私通，在庚子日取自己右腋下的毛，和指甲一起烧成灰，即成。

七是取苦杨和自己的睫毛，放在酒中喝下去，就能得到女子的爱。

八是如果要一个女子自己来爱，取东南方向的桃枝，写女方姓名于上，放厕所中，立即生效。

以上这些方法，内容大同小异，其共同的特点有两个：都是以毛、发、指甲和书写对方姓名的纸烧成灰和酒服用。因古人认为这些东西可以通鬼神，和画符属于同一类型。同时还经常使用桃木，因古人认为桃木可以驱鬼邪。二是都是自己服"药"，感应他人。可见这些求爱之法都是交感巫术的具体应用。

床符。这种符贴在床上，据说床上贴了这种符，便如词中说的："此符夫妻相爱，紫罗黄罗。"

床上符。这是贴在床顶上的符，据说贴上此符便会不做噩梦和令人平安。画面也有"去鬼"字样。

　　以上这些巫术，花样翻新，几乎历代都有记载。例如唐代巫师有一种能使男女相爱的"和合咒"、专门为单相思女性所用的"猎哥神咒符"等，当事人只要把巫师所画的符咒放在被爱慕者的身上，或让他喝了，就能"如愿以偿"了。在《唐书·棣王传》中就说到，有两个妃子争风吃醋，其中一人向巫师求助，巫师给她一道符，叫她偷偷地把符放在丈夫的鞋底里，丈夫就会爱她了。这符就叫"和合符"，在《万法藏典》

和《灵验神符大观》中都有记载。

在魏、晋时，有些女人相信服食蓍草或蓍草的果实，可以得到男子的欢心。《博物志》载："詹山帝女，化为蓍草，其叶郁茂，其花黄，实如豆，服者媚于人。"《山海经》也有类似的说法："姑之山，帝女死焉，其名曰'女尸'，化为媚草，其叶胥成，其花黄，其实如菟丘，服之媚于人。"也许吃了某种药草能使自己的容颜和身体发生变化，但是说吃了能使对方的心理起变化，得到对方的爱，那真是匪夷所思了。还有一种说法，认为蓍草的功能是炎帝的女儿瑶姬的精魂所致，就更说明这是一种巫术了。

晋人张辈在《感应类从志》中还说了另一种方法："月布在户，妇人流连。"注曰："取妇月水布烧作灰，妇人来，即取少许置门阃门限，妇人即流连不能去。"在宋人洪迈的《夷坚志》中，有一则讲述某茅山道士在夜半时分施行"玉女菩神术"，把黄花闺女摄入密室中加以奸淫的故事。清人纪晓岚的《阅微草堂笔记》卷十五也提到"红教喇嘛有摄召妇女术"。

古代的道学大师们悉心修炼，有时也可能有一些异常的功效，经过有些人的传闻、夸大，弄得十分神奇诡秘，不少方士、术士又借此弄虚作假，欺骗世人。有些人还以此为进身之阶。宋真宗、宋徽宗都很迷信方术，"上有好者，下必有甚者

△ 古代春宫画

矣"，有个叫丁谓的高官，曾教唆女道士刘德妙："汝所为不过巫事，不若托老君言祸福，足以动人。"刘德妙就凿地得一龟，带入宫禁，欺骗皇帝说这是太上老君的化身。时间久了，这类事总会被戳穿，于是道教的名声就坏了。

在历史上，还经常形成巫蛊之祸，如汉武帝时就因此而在宫中引起大乱，死了几万人，甚至误杀了太子，使汉武帝终身悔恨。

道教与房中术本来和医学有密切联系，在建立道教之初，张道陵用房中术等方法为人治病，很得民心；以后的一些道学大师如葛洪、陶弘景、孙思邈、巢元方、褚澄等无一不是兼医学大师。但是以后巫术逐渐取代了医学，方士们用符水、用装神弄鬼来为民众"治病"，所以葛洪曾经感慨地说：自古医道不分，医家通常也为道家，可是现在的道术却误了医家。

第二节　房中术变成淫乐手段

张道陵倡导房中术，是面向平民，主要为平民治病，所以很受拥护，很有生命力。可是后来房中术逐渐为王公贵族所用，脱离了一般民众，从以养生为主旨逐渐转变到主要为性享乐服务。统治阶级是很重视性享乐的，可是古书常常强调"纵欲必然戕身"，这使一些统治者不能不有所顾忌，而房中术却把性与保健结合起来了，既不影响享乐，又可延年益寿而更好更多地享乐，这就完全符合了统治阶级的需要，于是在统治者的倡导下，房中术红极一时了。

例如，曹操就是个房中术的热衷信奉者。他把左慈、甘始、郄俭等二百多名方士都召集起来，向他们求教，并以许多宫女做试验品，还"亦得其验"，"行之有效"。[①]他写过一首《步出夏门行·龟虽寿》，流传后世，十分有名。后人都认为此诗豪迈之气横溢，充分表现了曹操对生命持乐观主义精神，可是从来没有人从性学的角度来理解其中某些词句的含义。曹操深信房中术有延年益寿之效，所以写出了"盈缩之期，不但在天；养怡之福，可得永年"的句子，表示人可以努力使自己长寿。所谓"盈缩"，有男子性功能强弱的含义；而"养怡之福"和曹操对生活的理解也大有关系，须知，曹操是十分好色而纵欲的。

由于曹操带头修习房中术，以致当时的许多贵族、官僚纷纷效仿，趋之若鹜，如痴如狂。曹操的儿子曹丕在《典论》中记载了这一状况：

> 颍川郄俭能辟谷，饵茯苓；甘陵甘始名善行气，老有少容；庐江左慈知补导之术；并为军吏。初，俭至之所，茯苓价暴贵数倍。……后始来，众人无不鸱视狼顾，呼吸吐纳。……左慈到，又竞受其补导之术，至寺人严峻往从问受，奄竖真无事于斯术也。

---

① 《博物志》卷五。

后人常哂笑于以上最后两句所述的情况：连太监都要来修习房中术，这真是太荒唐可笑了。可是，房中术的主旨在于养生，并不拘限于房事，如果从这个角度来看，太监去请教房中术的问题也是可以的。

再如，西汉末搞新政的王莽也是一个房中术迷。他"染其须发，进天下所征淑女，凡百二十人"。在群臣一片歌功颂德声中，"莽日与方士涿郡昭尹等于后宫考验方术，纵淫乐焉"①。由此可见，王莽等人也在"钻研"房中术，并且以许多女子做试验品。到了晋代，宫廷中此风仍然不衰，"孝武帝、会稽王道子及会稽世子元显等东晋当日皇室之中心人物皆为天师道浸淫传染"②，可见其影响之大。直到南朝，王室及宫廷中信奉者仍然不少。

房中术一旦为统治阶级所攫取，就脱离了它的原始含义和朴素的养生主旨，而成为统治者们糜烂腐朽、奢侈淫逸生活的工具了。到了元代，统治者崇信佛教与道教，把道家的房中术和密宗佛教的性修炼结合起来，称之为"演揲儿法"。《元史·哈麻传》中记载，元顺帝荒于声色，臣下竞相引荐西域房

---

① 《汉书·王莽传》。

② 陈寅恪：《天师道与滨海地域之关系》，见《金明馆丛稿初编》，上海古籍出版社1980年版，第10页。

△ 炼丹池（龙虎山上清宫）

中术家来邀宠。"哈麻尝进西天僧，以运气术媚帝，帝习为之，号演揲儿法。演揲儿，华言大喜乐也。"又有集贤学士秃鲁帖木儿，"性奸狡，帝爱之。亦进西番僧伽璘真于帝。伽磷真擅秘密法……又习之。其法亦名双修法，曰演揲，曰秘密，皆房中术也"。这些番僧，能言善辩，迷惑顺帝很有一套。例如伽璘真对顺帝说："陛下虽尊居万乘，富有四海，不过保有现世而已。人生几何，当受此大喜乐禅定。"这番话深中顺帝下怀，"乃诏以西天僧为司徒，西番僧为大元国师，其徒皆取良家女。于是帝日从事于其法，广取女妇，唯淫戏是乐。又选采女为十六天魔舞。八郎者，帝诸弟，与其所谓倚纳者，皆在帝前，相与亵狎，甚至男女裸处……君臣宣淫，而群僧出入禁中，无所禁止，丑声秽行，著闻于外"。

可见，当时的宫廷女性不仅要表演歌舞，侍奉统治者，还要充作君臣和僧徒们施行房中术的工具。统治者以求长生骗人骗己，而行淫乐之实，这就是一些统治者修习房中术的目的。

以后，在道、冠内部，性关系越来越混乱。唐代有不少贵族女性出于各种动机，虽皈依道门，但是都没有放弃对性的追求，甚至以入道作为纵欲的一种掩护。在相当长的一个历史时期内，不少女道士似乎是风流人物的代名词，她们交际很广，与一些名士诗词酬酢，同席共饮，谈笑戏谑，联袂出游，甚至发生爱情和性关系。在这种情况下，有些女冠成了"社交明星"，有些道庵变成了"高级妓院"，有些道士和女冠变成了双宿双飞的"鸳鸯"。唐代以后，妓院发展得很快，房中术又为妓女所利用，因此房中术的名声越来越坏，以致许多人以房中术为由来贬斥道教。

第三节　炼丹可致人命

秦汉时，帝王们好神仙之道，不惜耗费巨资，多次派人寻访仙山灵药，以求长生不老，最后都以失败告终。方士们求仙不成，再造声势，使帝王们相信他们自己就能制造仙药。

金玉不败的道理使方士们相信服用了金玉炼成的丹一定能够长寿。在秦汉时，冶金、化学技术已经有了相当的基础，冶铁、铸钱、煮盐等业都很发达，方士们提出，用丹砂作原料，跟其他矿石药物配合，可炼成黄金或白银，这就是炼金术，又叫黄白术。由于此术用料以丹砂为主，所以又称炼丹术。

当时，用丹砂化水银的技术也很发达。在秦始皇的巨型陵墓中，就用了大量水银，制成千百条江河海洋，穿流其间。方士们用鼎炉烧炼铅、汞等物，有时还加草木药物，制成"长生不死"之药，这就是丹。但是，和方士海上求仙的结果一样，历史上也从未见到过方士炼丹成仙的记载，但中国古代化学却由此而产生。

那些所谓的仙丹主要成分是铅、汞、硫，有的配方还含有砷，都是有毒的，有的甚至含剧毒，因此许多人服用了仙丹之后，不但没有飞身轻举、延年益寿，反而中毒暴死、命丧黄泉。从汉代到明代，皇帝因此送了命的也史不绝书。例如，唐代宪宗李纯、穆宗李恒、敬宗李湛、武宗李炎和宣宗李忱都是服药而死的。据韩愈作《故太学博士李君墓志铭》，当时工部尚书归登、殿中御史李虚中、刑部尚书李逊、襄阳节度使工部尚书孟简、东川节度大夫卢坦、金吾将军李道古等，也都死于服丹。但是，道士们认为这是"羽化"、"仙去"，所以还是有人继续服用丹药。

其实，古代有些有识之士早就看到炼丹术的弊端了。例如汉代《古诗十九首》之一，就有"人生忽如寄，寿无金石固。万岁更相送，贤圣莫能度。服食求神仙，多为药所误。不如饮美酒，被服纨与素"句。为了弥补炼丹术这方面的缺失，隋唐之后的方士不得不改弦易辙，逐渐结合引导、行气等方术，假借外丹术语，形成了内丹术。

炼丹术被统治阶级利用以后也日益荒诞不经了，甚至严重地荼害老百姓。王公贵族们为了制长生不老之药，竟以少女的初经为原料，李时珍在《本草纲目》中写道：

妇人入月，恶液腥秽，故君子远之，为其不洁，能损阳生病也……今有方士，邪术鼓弄愚人，以法取童女初行经水服食，谓之先天红铅。巧立名色，多方配合，谓《参同契》之金华，《悟真篇》之首经，皆此物也。愚人信之，吞咽秽滓，以为秘方，往往发出丹疹，殊可叹恶！

当有些宦官得势以后，享尽人间富贵，但为不能御女而憾恨，于是就渴望恢复性能力。明万历时，有个叫高策的宦官去福建征税，鱼肉百姓，成为人们诅咒的对象。他为了恢复性能力，竟听信了术士所谓"童男的脑髓有效"的妄说，杀害了许多小孩，并食其脑髓。

《野获编》"对食"条云：

> 近日福建税当高策，妄谋阳具再生，为术士所惑，窃买童男脑啖之，所杀稚儿无算，则又狠而愚矣！

《野获编》"食人"条云：

> 近日福建抽税太监采（古策字），谬听方士言："食小儿脑千余，其阳道可复生如故。"乃遍买童稚潜杀之。久而事彰闻，民间无肯鬻者，则令人遍往他所盗至送入。四方失儿无算，遂至激变掣回，此等俱

飞天夜叉化身也。

为了炼丹而杀死了那么多小孩，杀之取脑，这真太可怕了。

许多历史资料说明，道教所倡导的丸散除了追求长生不老以外，还大量地用以壮阳，变成一种春药，而当时春药之盛行则是科学技术有了较大的发展并迎合了统治阶级腐朽的生活需要的缘故。

中国古代的春药由来已久，汉有"窨（慎）恤胶"；魏、晋有"五石散"、"回龙汤"（又名"轮回酒"）；唐有"助情花"，唐人梅彪的《石药尔雅》就收有石药几百种；宋、明有"颤声娇"、"腽肭脐"（即海狗肾）；清有"阿肌苏丸"。这些都是见之于史的春药，而"红铅丸"更是明代宫廷的代表性春药，"红丸事件"是明末三大宫案之一。

其中，"慎恤胶"是迄今所知的中国最古老的春药，但对药的成分今人已不得而知了。伶玄的《赵飞燕外传》云："得慎恤胶一丸一幸"，意即服丸一粒，可对一次性交起作用。有记载说，汉成帝宠赵飞燕、赵合德姐妹，夜夜度春宵，力不能支，有人进"慎恤胶"，食一丸能圆满地过一次性生活。有一天晚上，成帝和合德同寝，两人都已醉酒，合德一下子进了七丸，帝食之，疯腾竟夜，精流如注，天明暴毙，合德也畏罪自尽。

古代春药和一些房中术、道家炼丹有密切关系，史书上还有大量记载。《后汉书》所载甘始、东郭延年、封君达等方士"或饮小便，或倒悬"，后人读之可能以为疯癫，其实，这"饮小便"就是喝名为"回龙汤"的春药，在魏、晋、南北朝时颇为流行。在那个时期，还流行"男女合气之术"，而加以"服食闭炼"。"服食"即"服石"，是一种春药，又名"五石散"、"五石更生散"、"寒石散"，据说是魏名士何晏开始服用的。《本草纲目》于"钟乳石"、"石英"、"石脂"条皆云："益精益气，补不足，令人有子，久服轻身延年。"

但是，历史也有记载，"服石"有副作用，如《晋书·哀帝纪》云："服石过多，遂中毒，不识万机。"《晋书·贺循传》云："服寒食散，露发袒身，示不可用。"至于"颤声娇"，据记载是以"未连蚕蛾、凤仙炉、五味子"几种药合成的，其中主要是"雄蚕蛾"，《本草纲目》云："雄蚕蛾，气热性淫，主固精强阳，交接不倦。"

明代春药泛滥宫廷，始于明宪宗执政的成化年间。宪宗宠万妃，可是万妃比帝大 17 岁，总是担心因年龄大而失去皇帝的欢心，就勾结太监奸臣献春药进媚。皇帝处在一群佞臣和别有用心的女人中，就迷上春药，不能自拔了。当然，归根结底，还是皇帝自身贪图淫乐这一内因起决定作用。

　　这种"献药进媚"的情况，到了明世宗嘉靖年间，可谓登峰造极。《野获编》"士人无赖"条就有许多例子，如朱龙禧进"太极衣"，赵文华进"百花仙酒"，都御使王献"甘露"，督抚吴山、李遂、胡宗宪等进白鹤、白兔、白鹿、白龟等和房事都有关。然而，其中最突出的、影响最大的是陶仲文。他由于进献春药，十分得宠，明世宗移居西内，不上朝，不祭宗庙，但时常见陶仲文，并一再擢升他的官职。《野获编》"宫词"条云：

第五章　道教的异化 | 209

> 嘉靖中叶，上饵丹药有验，至壬子（三十一年）冬，命京城内外选女八岁至十四岁者三百人入宫。乙卯（三十四年）九月，又选十岁以下者一百六十人，盖从陶仲文言炼药用也。其法名"先天丹铅"，云久进之可以长生。

由于陶仲文这样得宠，为许多人艳羡不已，于是方士、道士、官吏一哄而起，"假借圣旨"以征逐女色，为进药而四处张罗。许多人招摇撞骗，欺压百姓，民不堪其扰。

嘉靖四十五年（1566年），这个荒淫无度的明世宗死去，太子朱载垕即位，是为穆宗。而穆宗本人也很荒淫，在位仅六年，也因服春药死，只有36岁。

"上有所好，下必有甚焉"，而受害的都是老百姓。正因为如此，房中术的名声越来越坏了，它变成了左道旁门、纵欲淫乱的代名词，正人君子皆耻之。正如陶宗仪在《辍耕录》中所说："今人以邪僻不经之术，如运气、逆流、采战之类，曰房中术。"清代的纪昀在《阅微草堂笔记》中也说："问容成彭祖之术可延年乎？曰：此邪道也……公毋为所惑也。"在一些性文学作品中，房中术总是和春药、纵欲伤身等连在一起，这时房中术已不复初始阶段的本来面目了。

第四节　"两个打击"

　　道教的衰微，除了自身异化的原因之外，还受到外界两重"打击"。

　　一是佛教的禁欲主义对道家房中术的打击。道教是我国土生土长的宗教，而一千多年来成为我国第一大宗教的佛教则是外来的。佛教在东汉时自印度传入我国，到了南北朝时开始盛行，佛教和道教之间斗争十分剧烈。佛教的基本出发点是认为诸行无常，人生极苦，即使今世大富大贵，也难免生老病死之苦，所以佛教要求人们放弃尘世的幸福、欢乐，而把解脱的希望寄托在那超自然的"极乐净土"。因此，众生只能在禁制情欲的宗教修行生活中度过苦难的人生。在形形色色的宗教禁欲中，佛教对人的性本能更是严格地予以禁制，这是因为性本能引起的行动和欲望最能引起感情上的骚动和烦恼。于是，佛教规定其信徒们最好抛妻别子，修习禅定，禁绝一切性欲望，从而达到六根清净，杜绝一切烦恼。显然，佛教的主张和道家的房中术教旨一开始就处于矛盾与斗争中，此长彼消，彼长此消。

　　佛、道两教的斗争是非常剧烈、长期进行的，在南北朝时已经十分明显了。例如，刘宋数学家何承天所著的《报应问》

△ 甘肃嘉峪关城楼的明代古戏台，左右两边有道教攻讦佛教的壁画 ————

△ 嘉峪关城楼壁画：老和尚偷窥少妇 ————

一书，引起南朝时佛道论战达数十年之久。儒、道两派结成联盟，共同向佛教发起了挑战。挑战者认为道教是华夏本土宗教，珍爱生命，追求长生不老，而佛教来自异域他国，厌世弃俗，追求寂灭，加之佛教主张出家，不重忠孝，因此不宜在中国传播。佛教一方当然不服，双方开始还论辩说理，后来升级为互相攻击。儒、道一方说佛祖本是老子所化，佛教人士则说老子是佛的弟子摩诃迦叶的转世……双方对抗十分激烈，造成了极大的社会影响。在这种情况下，一些有识之士纷纷出面，倡导儒、佛、道三教融通，著名的道教大师陶弘景也是这种思想的代表人物。

到了后梁时，梁武帝开始十分弘扬道教，在继位的第四年弃道从佛，曾先后三次舍身同泰寺，再叫大臣以巨款把他赎回来。"南朝四百八十寺，多少楼台烟雨中"正说明了当时佛教寺庙之盛。可是就是这样，梁武帝还没有贬低道教，当时有个道士和一个叫宝志禅师的和尚争夺舒州潜山作为修行之地，各不相让，请梁武帝仲裁，梁武帝叫双方斗法决胜负，结果不相上下，武帝宣布他们都可在此山修行。

在嘉峪关的城楼下有一个从明代流存至今的古戏台，是供驻守官兵娱乐用的，戏台上有两幅相对的壁画，一幅是一个老和尚叫大徒弟手持铜镜，通过铜镜的反射偷看对面楼上一个半

△ 嘉峪关城楼壁画：少妇因受老和尚长期偷窥而结一怪胎 ————————

裸的少妇，有个小徒弟也想偷看，但是师父不让看，把他的头按在下面；另一幅壁画则是一个半裸少妇，手里捧了一样东西，这是因为受了老和尚长期偷看所结成的一个怪胎。据分析，这两幅画是道教和佛教斗争的产物，道教信奉者攻击佛教和尚风流成性，不守教规。

在道教与佛教长期的斗争中，一度席卷中原的道教逐渐处于下风。1258 年，中国爆发了历史上规模最大的一次佛、道大辩论，蒙古大汗蒙哥亲临主持，嵩山少林寺长老福裕和全真教高道张志敬分别率队参加舌战，结果道教惨败。

到了明代，开国皇帝朱元璋就不太信奉道教。建国不久，龙虎山第四十二代天师张正常入宫朝贺，朱元璋问他："天有师吗？"于是就赐他"天一嗣教真人"的封号，只称"真人"，把"天师"的封号取消了，而且对道教的发展加强管理，多有限制。

当时，道教已有衰颓之势，但是道教对社会的巨大影响还没有一下子消退，况且明代还有张三丰等道教大师们为振兴道教所作的许多努力。明朝也有一些皇帝对道教采取了尊崇的态度，但是其衰颓之势已不可挽回。到了清代，道教就全面衰退了。

第二是宋代程、朱理学的盛行对道家房中术又是一个严重打击，这实际上是被篡改了的儒教对道教的打击。道教在宋朝还稍稍红火了一阵子，例如宋徽宗笃信道教，还自号"道君皇帝"。可是，宋代是中国封建社会由盛转衰的一个转折点，也是中国古代对性的相对开放转为禁锢的一个转折点。宋代的统治者经不住金兵的侵略，徽、钦二帝被俘，迁都临安（杭州），偏安一方，再也无复唐代那种恢弘的气度和强盛的国力了。社会衰微，统治者终日惶惶，龙座不稳，必然要对民众严格控制。在这种情况下，程、朱理学所提倡的"存天理、灭人欲"

的那一套正好符合了封建统治者的需要，人如果没有欲求，就不会为争取自由幸福而斗争了，就不会起来造反了。性乃人之大欲，既然要"灭人欲"，当然不可谈性，提倡房中术就成为一种邪道。明、清以后，社会上的性禁锢之风日益加剧，道家和道家所提倡的房中术就更难有容身之地了。

在宋代以前，许多道教人士可以堂而皇之地打出道家的旗号，因为这一时期道家十分走红、吃香；到了明、清，道教与房中术的旗号已经打不出来了，这时，房中术的研究都是医家出面，在医书中，从"求子"、"优生"、"妇科"中稍微联系一些房中理论，在养生著作中提"房道"也不多了。传世的一些传统医学著作，如万全（代表作为《万氏家传养生四要》、徐春甫（代表作为《古今医统大全》）、张介宾（代表作为《景岳全书》）、高濂（代表作为《遵生八笺》）、汪昂（代表作为《勿药元诠》）、沈嘉树（代表作为《养病庸言》）等，似乎都和道教没有什么直接联系，看来道家在房中术的科学领域已经销声匿迹。即使明代出了个张三丰，使道教又稍有起色，但总的看来，道家的房中术已很难为民众所普遍接受了。

▷ 陈自明《妇人良方》

婦人良方卷之九

臨川陳自明編

吳郡衍　己廷

新都閔道政校

求嗣門（論二十二道論以次之）

陳蓮律求子論第（一）

第六章

道教的改革和最后的兴盛

在道教的衰微过程中，有个道派却使道教经历了最后一次振兴、在中国历史上出现了最后一次辉煌，这就是以张三丰为代表的全真派。

第一节　张三丰其人

张三丰名通，又名全一，字君实（亦作君宝），号玄玄子，又名全一真人，辽东懿州（今辽宁阜新）人，是道教武当派的创始人。他生于公元 1247 年，据《古今太极拳谱及源流阐秘》考证，他卒于公元 1458 年，活了 211 岁，经历了南宋、元、明三代，是少有的长寿。他是当时著名的道士，又是儒者，善书画，工诗词，中统元年，曾举茂才异等，任中山博陵令。曾游宝鸡山中，有三山峰，挺秀苍润可喜，因此也号称三峰子，峰

与丰同音，所以又称三丰子、张三丰。元朝末年，他又结庵武
当山，那时他已 122 岁。他在武当山搜奇览胜，见全山许多宫
观毁于兵火，预言"此山异日必大兴"，就率领道众将各处宫
观废墟一一清理，初步重建，广收徒弟，以延香火。以后，武
当山就成为一个道教圣地，并成为一个道派。武当山就和张三

第六章　道教的改革和最后的兴盛 | 221

丰的名字连在一起，就像茅山和陶弘景的名字连在一起一样。

到了明代，张三丰的名字在中国已是如雷贯耳，皇帝也多次想召见他。洪武十七年至十八年间，明太祖朱元璋两次诏请张三丰入京，张都避而不见。永乐初年，明成祖朱棣又命侍读学士胡广诏访张三丰，岂料胡广在武当遇三丰而不识。永乐十年，朱棣调集军民工匠三十多万人，用了十年的时间建成了八宫、二观、三十六庵堂、七十二庙宇等庞大的道教工程，那时张三丰混迹于民众之中，朱棣派人屡访不遇。

据《张三丰外传》记载，1418 年春，朱棣特意驱车去拜访张三丰，张不在，朱棣乘兴而来，败兴而返，十分生气，于是命令胡广再寻，如果再找不到，则要处死胡广。胡广苦寻，仍不得，于是苦苦向张三丰祈祷求见。那时张三丰已 167 岁，据说那时他应太上老君邀请而参加一个神仙会，正驾云前往，有感于胡广的祈祷，就降云对胡广说："你且回京见驾，说我即去就是，不必多虑。"胡广就回京复命，跨年达京师，知道张三丰和朱棣已见过面了，这就是"金殿飞升"之说。以上传说固然不可全信，但是有一点可以肯定是真实的，张三丰曾写过一封信，叫弟子孙碧云向朱棣禀告，告之以具体的长生之道。

由于张三丰的神名噪起，明朝皇帝给过他三个赐号：明英宗封他为"通微显化真人"，明宪宗封他为"韬光尚志真仙"，明世宗封他为"清虚元妙真君"。统治者这么重视，道教又经历了一个时期的兴旺。

第二节　理论、丹药、武术及其他

张三丰谈玄论道，使他毅然出家的是丘真人；他老年时在终南山修行，使他得道的是火龙真人；以后他又师承华山陈抟老祖。他在《太极炼丹秘诀》中称陈抟为"希夷老祖"，称火龙真人为"吾师"。清代的著名道士李西月将三丰派归为以陈抟为代表的隐仙派，并将其师承顺序总结为："麻衣传希夷，希夷传火龙，火龙传三丰。"可以肯定的是，张三丰确实继承了陈抟以来道教宗师的"三教同一"学说和内丹炼养思想。

"三教"是指儒、佛、道，汉唐以来这三教互相攻击，斗争不已，但是以后却出现了一股"三教同一"的思想潮流，认为这三教是根源同一、殊途同归的。元朝时有儒士论及三教，说佛是黄金，道是白玉，儒是粮食，指出金玉虽贵，但是并不必需，而人类不可以一日无粮，这种说法隐含着对佛、道的贬斥。张三丰也提倡"三教同一"之说，认为教派只有正邪之别，而没有三教之分，所谓三教只不过是创始人不同而已。他

△ 武当山的道宫

△ 武当山道宫的紫霄殿

说，儒、佛、道都讲道，它们的社会功能都是"修身利人"，"儒离此道不成儒，佛离此道不成佛，道离此道不成道"，儒家"行道济时"，佛家"悟道觉世"，道家则"藏道度人"。同孔子一样，老子所传的也是"正心、诚意、修身、齐家、治国、平天下"的理论，儒家修养人道，道家修炼仙道。张三丰则把二者联系起来，以修人道为炼仙道的基础，强调无论贵贱贤愚，老衰少壮，只要做好事，积阴德，忠孝信诚，全于人道，那么离仙道也就自然不远了。他巧妙地把道家的内炼思想同儒家的道德学说合在一起，说："人能修正身心，则真精真身聚其中，大才大德出其中。"

张三丰又把儒家倡导的仁义与道家炼丹画等号，认为"仙家铅汞"即仁义的种子，阴阳家五行的金木水火土、儒家五德的仁义礼智信和人体五经的肝肺心脾肾是一一对应的。他在《五德篇》中说："仁属木也，肝也；义属金也，肺也；礼属火也，心也；智属水也，肾也；信属土也，脾也。心有五德，身有五经，天地有五行，皆缺一不可。心无仁者必无养育之念，其肝已绝，而木为之槁枯；无义者必无权宜之思，其肺已绝，而金为之朽钝；无礼者必无光明之色，真心已绝，而火为之衰熄；无智者必无清澄之意，其肾已绝，而水为之昏涸；无信者必无交孚之情，其脾已绝，而土为之分崩。"所以说"德包乎身，身包乎心，身为心用，心为德明，是身即心，是心即身，是五德即五经。德失经失，德成身成。身成经成，而后可以参赞天地之五行"。

张三丰写过一首长诗《无根树》以阐述人生哲理，极其有名：

无根树，花正幽，贪恋荣华谁肯休。浮生事，苦海舟，荡来飘去不自由。
无岸无边难泊系，常在鱼龙险处游。肯回首，是岸头，莫待风波坏了舟。

这诗开宗指出人生贪恋荣华富贵，犹如在苦海里漂泊，时常处在危险之中，规劝世人要超脱名利，及时修炼，"莫待风波坏了舟"。

无根树，花正微，树老重新接嫩枝。梅寄柳，桑接梨，传与修真作样儿。
自古神仙栽接法，大老原来有药医。访明师，问方儿，下手速修犹太迟。

这诗针对年老体衰者提出，如果老年不自暴自弃，炼好精气神三宝，以性接命，仍然可以返老还童。

> 无根树，花正青，花酒神仙古到今。烟花寨，酒肉林，不断荤腥不犯淫。
> 犯淫丧失长生宝，酒肉穿肠道在心。打开门，说与君，无花无酒道不成。

后代对这首词的理解很不一致。一些人抓住末句"无花无酒道不成"，说张三丰为酒色神仙；而张三丰的崇拜者则把"花酒"解释为人身元气，并非实指烟花酒肉，其中"不断荤腥不犯淫"和"犯淫丧失长生宝，酒肉穿肠道在心"倒似主张戒淫而不戒酒。

在《无根树》中，张三丰对内丹修持的各个方面如阴阳、养生、采药、炼药等都有阐述，就其中内容而言，似无超越前人的独到之处，但是他却突破了长期以来道家文字艰涩玄奥的约束，把魏伯阳的《参同契》、陈抟的《无极图》、张伯端的《悟真篇》中的修炼、保精、调神、运气、归真还原等修真理论以通俗易懂的歌词形式表现出来，这是他对传播道教理论方面的很大贡献，后世道众对此推崇备至，明、清时出现的道教派别几乎都可以从张三丰这里找到源流与影响。

张三丰和他的前人相比还有一个独到之处，就是除了理论、炼丹以外，他还创立了武当绝技，主要用于养身、防身。武当绝技、少林功夫集中了中华武术之大成，少林拳奉达摩为始祖，而武当拳则以张三丰为开山。

第三节　道教圣地——崂山与茅山

张三丰一生寻师访友，传播道教理论，云游了许多名山大川。据他在所著《云水集》中《东游》一诗所述："此身长放水云间，齐鲁遨游兴自闲。欲访方壶圆峤客，神仙万古住三山。"在云游过程中，被称为"海上仙山"的崂山自然成为张三丰的一个重要目的地。如果说，张三丰早期的基地是武当山，那么后期的基地是在崂山。

公元 1277 年，张三丰第一次来到崂山，他在明霞洞后山的洞中修行了十多年，之后就开始西行和南游继续寻师。他浪迹天涯，历尽艰辛，就是为了能遇到道门明师予以指点，尤其在宋、元以来道教内丹学兴隆的趋势下，得承内丹养生的秘诀大道更是张三丰当时的重要期望。终于功夫不负有心人，公元

1314 年，张三丰 67 岁时，在陕西终南山得拜"希夷高弟子"火龙真人为师，蒙其授修真要道。在终南山学道四年后，他复奉师命隐世修行。在这期间，他精研勤修内丹养生之学和武学技击之法，并能将这两门绝学融会贯通，自成体系，从而使其道家内外双修功夫达到出神入化的高超境界。

透着一身仙风道骨、已成为一代宗师的张三丰于 1334 年 87 岁时第二次到崂山。他先后在太清宫前的驱虎庵、玄武峰下的明霞洞等处修行多年，在这段时间中也开始留心著述，现代可以看到的他的不少著述都是在崂山的庵、洞中完成的。

明永乐二年（公元 1404 年）、张三丰 157 岁时第三次回到崂山，初时住在山民家，后入深山埋名隐居。这一时期张三丰通过移栽花木对崂山道教宫观的园林建筑作出了很大贡献，尤其是他移植了耐冬山茶，为一大奇事。明代崇祯年间御史黄宗昌编撰《崂山志》记载："永乐年间张三丰者尝自青州云门来于崂山下居之，邑中初无耐冬花，三丰自海岛携出一本，植于庭前，虽隆冬严雪，叶色愈翠。正月即花，蕃艳可爱，龄近二百年，柯干大小如初。"这株植于太清宫三官殿的耐冬山茶，至今犹存。它高近 7 米，合围近 1.8 米，专家估算树龄约六百余年，与史志记载张三丰于明永乐年间（1403—1424）所植在时间上完全吻合。现在国内植物学界的学者对这株山茶树

△ 山（邮票）

有很高的评价，认为即使在四季如春的山茶之乡云南，像这样
的树龄和长势也是非常少见的，更不要说在冬季冰封千里的北
方了。可以想见，内丹养生功深的张三丰真人当年种下这傲寒
长生的耐冬山茶，在很大程度上正是象征了道教哲学及修炼中
所主张的"我命在我，不属天地"以及"道在养生"、"仙道
贵生"的深刻思想。自张三丰以后至今，崂山各道教宫观都开
始大种树木花卉，形成了道教一大特色，也加强了深远的哲学
底蕴和美学内涵，同时进一步体现了道家"道法自然"的思想。

道教有许多圣地，除了崂山之外，还有龙虎山、茅山、武当山、三清山、齐云山、青城山等，其中江西龙虎山是张道陵建立道教的发源之地。而江苏茅山也十分有名，在道教的发展过程中占有独特地位。

汉景帝时有一个人叫茅盈，自幼聪慧，饱学不仕，酷爱采药炼丹，修真养性，18岁时就离家出走，入北岳恒山修炼，后又到江苏的句曲山（在江苏常州）华阳洞隐居，终于悟道成仙。他有两个弟弟茅固与茅宗在他的影响下，弃官修道，一起成仙。三兄弟都住在句曲山，济人救世，做了许多好事。茅盈三兄弟仙逝后，百姓们为感谢他们生前的恩德，建庙供奉这三位善人，并把句曲山改为茅山，作为永久纪念。后人称茅盈三兄弟分别为大茅君、中茅君、小茅君，合称"三茅真君"，成为道教茅山派的祖师爷。

茅山在道家文化史上占有十分独特的地位，还和陶弘景有很大关系。

陶弘景（456—536）是南朝齐梁时期道教的思想家、医学家。他四五岁就能认字，9岁时读遍儒家经典，10岁得到葛洪的《神仙传》，从此爱不释手，十分仰慕神仙之道。他的文章常为名家赞赏，他对琴、棋、书、画样样精通，16岁时就是江东著名的才子了。20岁时陶弘景步入仕途，但屡屡受挫，于是

△ 茅山胜景（江苏常州）

拜孙游岳为师，得传上清秘法。他深感仕途险恶，36岁时辞官归隐于茅山。陶弘景德高望重，不仅文章、书法名扬一时，而且精通兵法、骑射、五行、阴阳、风水、历象、数术、医术等，隐居茅山后，慕名前来拜师求道之人络绎不绝。

有一天，陶弘景带众弟子登上积金岭极目远眺说："这里东望太湖，西接金陵，峰峦叠翠，人杰地灵，自古便是修道成仙的风水宝地。汉初三茅真君在此成道，汉末左慈又来此斋修，鲍靓、许迈曾留仙迹，上清派杨、许三代宗师就在对面的雷平山下立宅降经……多年来我一直想创建道馆，发扬上清大业，不知你们有信心吗？"众弟子纷纷表示愿意追随师父，完成心愿。

于是陶弘景率弟子们在积金岭上开山创业，历时七年，终于建成一座道馆，取名为"华阳馆"。陶弘景带徒修道，自号"华阳隐居"。在茅山期间，他一边带领弟子开设道馆，一边着手建立茅山上清道团，同时还撰写了大量的道书，尤其以《真诰》闻名于世。在这本书中，他从历史的角度来分析《上清经》，书中记载的众多内容都是后世道教研究的重要史料。

陶弘景因此声名远扬，徒众极多，茅山从此成为道教上清派的中心，而上清派从此被后世称为"茅山宗"。梁武帝十分仰慕陶弘景的学问和名声，多次礼聘他入朝，都被他拒绝了。武帝后来尊重他的意愿，让他居于山中，如有大事不时咨询，因此，人们又称他为"山中宰相"，"世上神仙客，山中宰相家"传诵一时。

陶弘景在撰写《真诰》的同时，还写了一部药学巨著《本草集注》，一共七卷，它系统地整理了古代药物学经典《神农本草经》，全面总结了六朝以前的药学经验，对保存本草文献

古籍作出了历史性贡献。书中还首创了按药性分类的药物分类法，对后世本草学发展产生了一定的影响。

　　此外，陶弘景还写了两本有关养生方面的书：《登真隐诀》和《养性延命录》。在书中他主张形神双修，突破了上清派只重清修不重炼丹的传统。

茅山宗以后人才辈出，如第四代传人司马承祯、第七代传人应夷节、第八代传人杜光庭等都在道教史上有着重要的地位。

第四节　道教的改革

在张三丰所处的时代，道教在和佛教长期的斗争过程中日益处于颓势，而张三丰在复兴道教方面作了最后一次影响全国的努力。

在道教走向衰微的过程中，道教中的一些有识之士、杰出人物也不断地改弦更张，进行改革，从而使道教内部出现了许多不同的教派，提出了一些不同的主张。例如，晋代的嵇康就针对有些人认为道教神仙、长生之说为虚妄的论调而写了《长生论》加以驳斥。南朝的陆修静向宋明帝建议整顿道教的组织、纲纪，整理了各派道经使之系统化，进一步理论化。陶弘景则将道教庞杂松散的多神系统加以整理，分为七个等级，写成了《真灵位业图》一书。北魏的寇谦之鉴于道教当时在理论上内容芜杂、在信仰上具有浓厚的巫术色彩，认为要想使道教长期发展，并与佛教相抗衡，必须建立一套新的宗教体系，于是就在北魏太武帝的支持下对道教进行大刀阔斧的改革。他认

为大道本应清虚，就将早期张道陵建立的"五斗米道"称为"三张伪法"，加以取缔，又废除了受到各界猛烈攻击的房中术，并制定了乐章诵戒新法。经过寇谦之改革的道教教派被后世道教称为"北天师道"。

宋代有个王重阳，也是道教改革史上的重要人物。他悉心修道，广收弟子，创立了全真教派。全真教提倡儒、佛、道三教合一，以《道德经》、《般若心经》、《孝经》为理论依据，奉行内丹修炼，主张修真养性，摒弃外丹修炼，并模仿佛教十二头陀行，提倡苦行忍辱。他培养出"全真七子"，这七个人后来各自形成门派，成为全真教兴盛发展的骨干力量。

"全真七子"中有一个丘处机，他道号长春子，山西栖霞人，早年追随王重阳传教，是王重阳门下的七大弟子之一。王重阳死后，他西行至宝鸡磻溪穴居修行长达六年，后来又前往陇州龙门山隐修七年，他在传道授徒的同时，创立了全真教的"龙门派"。丘处机声名远播，引起了金廷的重视。1188年，金世宗诏请丘处机入燕京主持"万春节"醮事，并赐予他"高功法师"之号。1214年，丘处机成功地招安了杨安儿、耿京等人领导的山东起义军，名声大振。

这时蒙古和金廷连年交战，使北方陷入战火之中，百姓饱尝战争之苦，纷纷向宗教寻求寄托，而全真教迎合了百姓的需求，深得人心，在民间迅猛地发展起来。金、蒙、南宋三方看到全真教的利用价值，争相召请丘处机在自己的门下。

公元1219年，金廷和南宋先后派遣使者来到山西栖霞，但目光远大的丘处机早已相中了成吉思汗，他婉言谢绝了南宋和金廷的召请。这年冬天，远在西征途中的成吉思汗遣使来到栖霞召请丘处机，70岁高龄的丘处机欣然从命，他不畏路途遥远，年迈体弱，带着18名弟子，历时三年，跋涉一万多里，于1222年到达大雪山（今阿富汗境内兴都库什山），来到成吉思汗的帐前。

成吉思汗在行宫中设宴盛情地款待他，并向他请教治国之道和长生之术。他说"敬天爱民"为治国之本，"清心寡欲"为长生之道，并进一步劝诫说："您已有四海之地，应当停止无益的征伐，选贤能之士并加以启用，适当地免去赋税，使百姓恢复农业生产，重振家园，只有这样才能安定天下。"成吉思汗听了，不住地点头称道，待他为上宾。在成吉思汗的支持下，丘处机收门徒，修道观，搞改革，道教的全真教曾盛极一时。

就这样，道教经过历代多次的改革，形成了许多教派，直到现代。其中不少教派仍崇尚房中术，有些教派则否。

张三丰是属于道教改革这一派的。他对道教的一些弊端深恶痛绝。他认为"道与帝王各自有道，不可以金丹、玉液分人主励精图治之思"。他隐居山中，皇帝几次诏请，都避而不就。他广收门徒，但是要求很严，淘汰率很高，他的几位高足都是淡泊名利、参悟道法、舍己为人、久经考验的人。他之所以创造武当拳法，一个主要原因就是剔除养生之术中荒诞不经的成分，科学地进行内炼和外炼。他之所以提倡"三教同一"，一个很重要的目的就是在不同的教派之间，不要花很大力气去相互攻击，争个你长我短，而应该选择一个共同的方向，济世救人。

他最恨某些道士，修了几年道，学得了一些道术的皮毛，就借此去巴结权贵，换取荣华富贵。他多次贬斥这些道教的败类，并予以惩罚。后人撷取这类故事共有七个流传至今，例如：

有个人叫郭成显，本来是个无赖，学了一点被称为"五雷法"的道术，就想进京图个进身之阶。有一次他向张三丰吹嘘，张对他说："我有个'六雷法'可以传授给你，你用此法可以呼唤天仙，化为美女，跨上鸾凤，游戏人间。现在李孜省十分得势，权倾一时，你用这个法术去投靠他，一定会得发。"郭成显十分高兴，去见了李孜省。李叫他作法，过了一会儿果真有两个美女冉冉地从天而降，于是轰动了李孜省全家，许多侍妾和许多门客都来观看。不料过了一会儿，仙女逝去了，却出现了这么一个场景：李孜省的一些侍妾赤身裸体和李收留的一些方士在做爱，制止也制止不住，李孜省大丢脸面，拔出剑来把郭成显杀了。

还有一个人叫邓常恩，曾做过太常侍的高官，曾将人陷害致死，以后，常感到死者阴魂不散。邓做过道士，过去听说过太行山西有个马仙翁会神箭，能射厉鬼，于是派徒弟陈歪儿去

访求。陈在路上遇到一个道士，气宇轩昂，手持长弓，腰插七箭（长弓拼起来是"张"，七箭寓指"三丰"，加起来有七画），自称能射厉鬼，试之甚为灵验，并传授给了陈歪儿。陈十分高兴地返京复命，邓也十分高兴。这天夜里，后花园风起，鬼影又现，陈弯弓射去，鬼影大叫一声倒下，原来邓常恩被射伤了，陈歪儿因为怕受责而逃走了。

有关张三丰的这一类传说很多，但是他只能复兴道教于一时，却未能长久地改变道教的颓势，从明末到清代、民国以及现代，道教始终未能像过去那样兴旺起来。

第五节　道教新的尊神们

在道教日益走向衰微的过程中，不少道家人物曾作出努力，企图力挽狂澜。道教自身也发生了这样那样的变化，所信奉的主神也起了变化。

在道教建立之始，就奉老子为太上老君，作为教主。道教的创始人张道陵当然也在被供奉的主神之列。以后，道教衍生出许多不同的教派，各有所尊，形成了多神的状态。到了明、清，又出现了道教各教派所认同的八仙，以八仙作为新的尊神。此后道教中再也没有出现过新的尊神。

八仙的出现不是偶然的，更不是一件小事，它是整个道教走向平民化、世俗化、人间化的明显标志。在八仙之中，有男有女，有老有少，而且来自社会各个阶层，有代表性，例如少年韩湘子、乞丐蓝采和、将相钟离权、书生吕洞宾、女子何仙姑、权贵曹国舅、残疾人铁拐李、老人张果老。过去道教的尊神都是隐居深山、脱离尘世、悉心修炼，甚至不食人间烟火的高人，人们敬则敬矣，可是总觉得这些尊神太玄妙，离世俗太远。现在八仙一出现，立即缩短了他们和民众的距离，很有人情味，道教也更加亲切了。

在八仙之中，最有代表性、影响最大的是吕洞宾。

吕洞宾，原名吕岩，唐代山西芮城人，其祖父、父亲都在朝为官。他自幼好读，博览群书，才智过人，但三举进士不第。传说武则天天授二年（691年），年已46岁的吕洞宾又去长安应试，在酒肆中遇到了上天仙使钟离权，钟离权让他做了一个建功树名、封妻荫子的美梦，醒后方知一切荣华富贵皆为虚幻，遂大彻大悟，拜钟离权为师，去终南山修道，以后遍游山水，传道度人，53岁归宗庐山。宋代封他为"妙通真人"，元代封他为"纯阳演正警化孚佑帝君"，后世又称他为"吕纯阳"。王重阳创立全真道后，他又被奉为"北五祖"之一，所以道教又尊称他为"吕祖"，全国各地广建吕祖祠庙，岁时祭祀，至今香火不断。但是传说在明末抗清斗争中，已成神仙的吕洞宾曾经搭救过在海上险些遇难的明兵部尚书袁可立的兵船，所以道教在整个清代都得不到弘扬与发展。

吕洞宾有以下这些特点：

1. 他是文人形象的代表人物。他在修行出走前的儒者经历，他失意功名、仕途无望，他饮酒赋诗、徜徉于山林之间的生活习气，都与历代的知识分子有共鸣。关于吕洞宾的这些特点的说法是在长期流传的过程中逐渐形成的，是多重文化现象的积淀，从而使得这类传说的影响更为深远。

2. 他是个诗人，文才极好。《全唐诗》就收集了他的诗二百多首。

3. 他的形象很好。许多宗教所供奉的神像往往是威武、玄虚、狰狞可怖或不修边幅、故作狂狷，而吕洞宾的形象是仙风道骨，眉清目秀，可敬可亲。

4. 他精通剑术，这是他和历代的道学大师们多为文、不为武的很大区别。相传他常常身背一把长剑，神威凛凛，剑术通神，可飞剑取人首级于千里之外，"飞剑斩黄龙"是个很有名的故事。他自己也写诗说："欲整锋芒敢惮劳，凌晨开匣玉龙嗥。手中气概冰三尺，石上精神蛇一条。"当然他不会以飞剑随便杀人。南宋时吴曾所撰的《能政斋漫录》卷十八中记述吕洞宾自己说过："世言吾卖墨，飞剑取人头，吾闻哂之。实有三剑：一断烦恼，二断贪嗔，三断色欲。"这就很有哲学含义了。

5. 济世救人是所有道教神仙的共同特点，但是吕洞宾和一

△ 八　仙

些远离尘世、清高自诩、渴望得道升天的仙人不一样，他曾发大誓愿说："必须度尽天下众生，方能上升也。"有一次，钟离权受玉帝诏命为"九天金阙选仙使"，对吕洞宾说："我马上要升天去了，你好生在世间修行，等到功德圆满，也会像我一样。"吕洞宾回答说："我的志向和老师有些不同，必须度尽众生，才肯上天庭。"所以吕洞宾后来虽然成了高仙，仍然在尘世救济众生。

6. 道家追求长生不老，主张内修和外养，即内丹和外丹，吕洞宾是极力主张内修、外养的仙道之一。他主张口服以铅汞为原料烧炼而成的丹药，也主张在人体内部通过存精、保神、运气的功夫，以结成"圣胎"、"内丹"。而且，吕洞宾更强调内丹的炼养。在《钟吕传道集》中，记录了吕、钟二人在还丹、炼形、朝元、内观、魔难、证验等问题上的看法，"炼形成气，炼气成神，炼神合道"；而在《纯阳真人浑成集》和《吕祖志·艺文志》中，有吕洞宾的《外丹百字吟》和《内丹百字吟》，前者是讲怎样烧炼金丹，后者是讲炼气养神固精之法。

7. 吕洞宾十分主张儒、道、佛三教交融，认为教派如人，各有特色，同心协力，方能真正地济世救人。吕洞宾修习方术，得道成仙，这是道教出世思想；他成仙之后要"度尽天下众生"，这又体现了儒家"兼济天下"的入世思想；而他那长

▷吕洞宾（瓷塑）

生于人世、乐于施舍的所作所为，又是佛教思想的反映。

　　8.吕洞宾最大的特点则是民间传说他是个风流道士，如吕洞宾时常出现于酒楼、茶馆、饭铺等吃吃喝喝，走后留下仙迹。他放浪形骸，不拘小节，好酒、能诗、爱女色，所谓"酒色财气吕洞宾"，所谓"吕洞宾三戏白牡丹"（白牡丹为当时的一个名妓），都为人们所熟知，这些世俗生活内容使吕洞宾这位仙人更富有人情味，赢得了百姓喜爱。道教崇尚房中术，据传，吕洞宾这个方面的功夫也实在了得，传说有个女仙也专"玄素之术"，要和吕比个上下，先泄为败，两个人"大战"了五天五夜，女仙先泄认输。由于吕洞宾专房中术，又时常出入妓院，指点妓女，所以也曾被奉为"妓院之神"。

不过，以上只是一些流传，甚至是误解。吕洞宾是提倡"断烦恼"、"断贪嗔"、"断色欲"的，最初钟离权引他入道，曾"十试吕洞宾"，其中有一试就是吕洞宾居山中茅舍读书，忽然来了一个美女，说自己迷路了而来求宿，后来对他百般挑逗，夜逼共寝，他始终不为所动。吕祖自己还写有一篇《警世》诗道："二八佳人体似酥，腰间仗剑斩凡夫，虽然不见人头落，暗里教君骨髓枯。"又说过："息精息气养精神，精养丹田气养身。有人学得这般术，便是长生不死人。"如果吕祖尘心不断，好色如命，又哪里能练就一身的神通呢？但是吕洞宾经常流连于酒肆、妓院等处也是有可能的，所以这些绯闻也被加到他的身上了。一说吕洞宾经常逛妓院并非好色滥淫，而是开导劝化这些风尘女子们。据说，吕洞宾曾在广陵妓院的屏风上题下这样两首诗，使得当地的一个名妓弃暗投明，悉心学道：

嫫母西施共此身，可怜老少隔千春。

他年鹤发鸡皮媪，今日玉颜花貌人。

花开花落两悲欢，花与人还事一般。

开在枝间妨客折，落来地上请谁看。

在这个问题上也体现了道教房中术中的两重属性：一是自然、开放，发扬人性；二是严格控制，不能胡来。现代性文明提倡"健康的自由，合理的控制"，自由加控制，这才是真正的人性。

由于自身发展的危机，道教也在不断地改革。道教的房中术被统治阶级利用而变成了淫乐工具，大失人心，可能道教的改革者要把这种异化现象改正过来，才塑造了吕洞宾这一神仙形象，貌似风流，实则严谨。

吕洞宾在民间有极大的声望，如果选道家的形象代言人，吕祖的得票一定特别多。《聊斋志异》的作者蒲松龄曾说过："故佛道中唯观自在（观世音），仙道中唯纯阳子（吕洞宾），神道中唯伏魔帝（关帝），此三圣愿力宏大，欲普度世界，拔尽一切苦恼，以是故祥云宝马，常杂处人间，与人最近。"是的，三教中香火最盛的就要数观音、吕祖、关老爷了。

现代人了解道教的并不是很多，但是说到八仙，可说是妇孺皆知，"八仙过海，各显神通"、"狗咬吕洞宾，不识好人心"成为人们常用之语。可见，道教后期对自身平民化、世俗化的改革还是有成效的。

不过，总的来看，道教已经不能恢复昔日的盛况了。清朝统一全国后接受了佛教，对道教采取了严格的防范和抑制的政策。清初的顺治、康熙、雍正从笼络汉人的角度出发，抑制程度较为宽松，雍正是清代唯一优待道教的皇帝。乾隆宣布藏传佛教为国教，将正一教主的品秩由二品降为五品，以后的清朝皇帝对正一教派的限制不断加强。鸦片战争后，国家落后衰弱，西方思想入侵，正一道更是江河日下了。

在有清一代，正一道的地位很低，其中娄近垣是唯一能以著述流传后世者，但全真道还在艰苦奋斗中有所发展。全真龙门派方丈王常月祖师提出了"戒行精严"的修道思想，开创"龙门中兴"，促进全真道复苏。全真道在阐发内丹学方面成绩斐然，有闵一得、刘一明、李西月、柳华阳等学者。清朝中后期，吕祖、妈祖、关帝、文昌、财神等各类民间信仰盛行，各种民间宗教也延续了明末的热潮，义和团、黄天教、红阳教、混元教等教派层出不穷。

中华民国建立后，取消了正一真人封号和财政支持，新文化运动使道教思想受到极大冲击，1928 年民国政府颁布神祠废存标准又沉重地打击了张天师，正一教就更加衰落了。解放战争胜利前夕，张道陵第六十三代传人张恩溥遗弃正一祖庭龙虎山，随蒋逃往台湾。民国时期最著名的道教学者是全真龙门派居士陈撄宁，他提出了独树一帜的"仙学"理论，意在促道教与时俱进。

新中国成立后，在法律和政策上保证了人民的宗教信仰自由。1957 年，中国道教协会在全真龙门派祖庭北京白云观成立，道教第一次有了统一的全国性组织。"文化大革命"时期道教文化遭受极大的破坏。1980年中国道教协会重新恢复工作，道教研究得以延续，全真道"传戒"法统有所恢复，宫观得到修建，斋醮、慈善活动开展，道教重获新生。根据2010年零点公司所作的中国人精神生活调查，大约1.73亿人自称信奉道教，其中大约1200万人是明确的道教徒；还有2亿多人信奉祖宗神灵，约1.41亿人信奉道教财神，约2亿人信奉海神妈祖；约1.45亿人相信风水堪舆，约3.62亿人相信命理相学。根据2011年南岳国际道教论坛的介绍，中国大陆正规的全真住观道士有3万多人，散居道士6万多人，登记备案的道教活动场所3万多座，其中教宫观约9000座，还有难以计数的民间信仰祠庙。

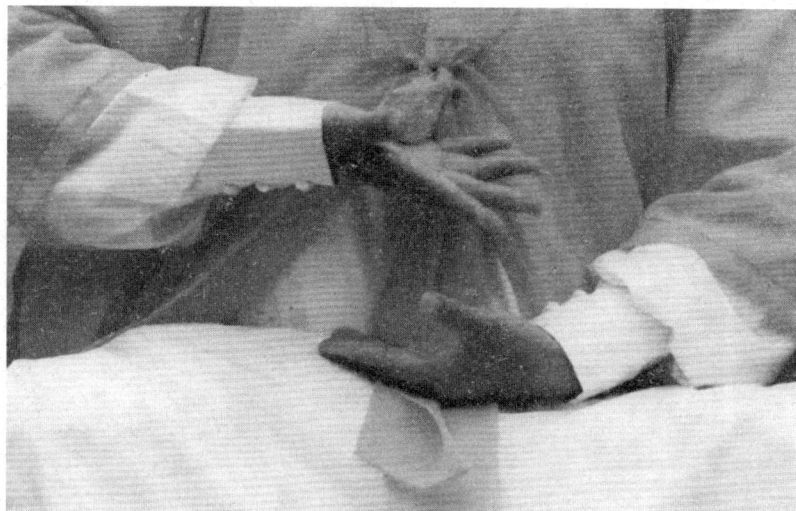

△ 练 功

后记

研究道家文化引发的思考

我们编撰这本书，不仅是为了配合即将建立的道家性文化博物馆，也不仅是研究一个宗教，更不仅是研究房中术，而主要是探索现代人对待历史文化应该抱一种什么样的科学态度。

在历史上，一种学说、一种文化本来是科学的，或者具有很大的科学成分，但是以后在一定的条件下却异化了。这种异化，既有它的内因，也有它的外因。

我们在 2012 年出版过一本《孔子与性文化》，这本书的主要观点是：原始的孔孟之道有许多内容闪耀着人性的光辉，但是被后世的封建统治者篡改了，同时又把孔孟之道中有时代局限性的内容加以扩大，于是就把孔孟之道变成"吃人的旧礼教"了。道教也是这样，老子的哲学思想、张道陵的济世救人、房中术的正确运用都是中华文化的瑰宝，可是后来，其中有些文化内容却被封建统治者用以作为淫乐与巩固统治的工具，也被一些方士引入邪途，装神弄鬼，用以作为求官谋财的进身之阶了。

我们编撰这本书，正是希望能把笼罩在道教身上的那层玄虚的、神秘的纱幕揭开，还道家文化与道教以真面目。

在研究过程中，我们体会到一些对待学术的态度问题。

对一门学术，不仅要看它现在是什么样，而且要索其源、求其真，"还原乃得真孔子"，同样，"还原乃得真道教"。

许多历史文化，往往是精华与糟粕并存，不能以偏概全，不能为倒洗澡水把盆里的小孩都倒掉了。

要处理好多数人和少数人的关系，不能认为多数人的看法一定是对的，不能把少数人看成"异类"，以多数来压迫少数。有这样一则寓言故事：猴子都是以四肢爬行的，有一只聪明的猴子认为手足分工有很大的优越性，于是要学人类那样，只以双足来行走，但是遭到其他猴的一致反对，"大家都这样，你为什么要那样呢？"于是一拥而上，把这只猴子活活咬死，因此猴子们只能永远以四肢爬行了。在性学研究中，这种情况多有存在，例如，在很长时期，多数人认为同性恋是病，甚至是罪；多数人认为自慰有害，但是后来的科学证明，这都是不对的。看待道家文化的某些内容，也有类似情况。

同样，不能以少数人的问题来否定多数，否定总体。例如，道教人士中确有少数人装神弄鬼，宣传迷信，但是不能因此把整个道教都否定了。同理，发现了几个"气功大师"是骗子，不能把整个气功学都否定了。

我们体会尤深的是，在这个时代、这个社会、这个世界中还有太多的未知数，人们对许多现象还是不了解的，有的外国学者认为，对于宇宙和人生，现代人了解的还不足4%。对我们不了解的东西要研究，不要轻易地否定它。对于不少历史文化现象以现代科学来衡量，一时还不能得出结论，如果因此就认为这些现象是虚假的、不存在的，那就堵塞了通往真理的道路。例如，中国的《易经》和道教有密切联系，和占卜也有密切联系，现在全世界有许多人都在研究它，可以说它的内容玄妙无穷，可是能因为现代有些人还不了解它而予以否定吗？不要认为现代人就完全了解真理了，很可能，一两千年后我们的子孙来看待今日的人类，就和现代人看原始社会中的野蛮人差不多。

在以上这些问题上，我们也有一些切身体会：

胡宏霞博士年轻时体质较弱，心脏不好，后经人介绍，拜师练气功，竟然疾病痊愈，而且能达到一种奇妙的程度。她对中医学很有兴趣，曾经拜两个极好的老中医为师，深感中医对有些疑难杂症有奇效，但是现代科学还解释不了。

△ 澳门发行的"风水邮票"

　　我从来不相信算命，但是后来观念有变化。我看到过多篇资料，都说一些命相者如何靠各种方法来骗人，我有些将信将疑："如果说算命都是骗人，能骗这么多人吗？能骗几千年吗？"1996年7月，我在台湾中部的埔里认识了所谓的"台湾第一命相大师"郭振祥，我们彻夜长谈，到半夜了还有《中国时报》记者采访，第二天见报，标题是《海峡两岸大师交谈"性"、"命"交关问题，妙趣横生》，我研究"性"，他研究"命"，报纸这么一撮合也真有点意思。

我和他交谈为什么"命"（生辰八字）会影响人的一生。他说，世界有生命的万物都是自然物，它们的生育都受时间、节气的影响，例如稻麦，要抢种、抢收，错过了时间就不行，人也是自然物，他出生的时间是会对他的一生产生影响的。

我问他："一个大人物，譬如总统，他的命好、生辰八字好，可是在他出生的同时全世界还会有许多人出生，难道他们都能当总统吗？"

他说："当然不是。生辰八字好、命好，只是一个基础，一种条件，并不完全是决定性的，决定人一生的还有多种因素。例如，'运'，就是机遇，各人不一样，所以我们讲'命运'，总是把两者连起来讲。第三个因素是'风水'，就是一个人生长生活的自然环境，例如地球的磁场、方向、日光、水土等，这当然对人的一生有影响。第四个因素是'阴德'，一个人一辈子要做好事。一辈子做好事的人，一辈子帮助别人的人，他心胸开阔，乐观向上，坦诚待人，当然也会得到许多人的帮助。第五个因素是'读书'，不读书、没有知识的人当然难以成大事。"

我说："这五个因素都能具备，恐怕很难。"

他说："是很难。不过一个人在一两个方面弱一些，其他方面很突出，也可作弥补。以上五项俱全不容易，所以成功人士在茫茫人群中总是少数。"

"一命、二运、三风水、四阴德、五读书"，既有先天条件，又有后天条件，似乎还有点符合唯物论和辩证法。我还有些问题想问，例如，除了以上这五个条件以外是不是还要加一个"奋斗"；又例如，剖腹产该怎么算生辰八字，可是后来也没有问。

他和我交谈时，也替我算命。他的太太是他的助手，把我的生辰八字记在一张纸上，在几个数字之间画上许多线条，交叉、连接，然后交给他看，他就据此替我算命，一面说还一面录音。他说："我只能说你的大概，因为还有其他一些未知数。我把这盘录音带送给你，你以后可以听听，看我说得对不对。"

这件事也就这么过去了。十多年后，我把这盘录音带听了一遍，似乎还真"靠谱"。

据此，我是否就相信算命了，搞"迷信"了呢？也不是，我只是觉得被人们过去贬斥、否定的事情也许是有一定道理的，要研究它、探索它，而不要轻易地否定它，对道家文化与道教中有些现象，也应作如是观。

人们都在追求真理，可是绝对真理是不可能达到的，我们只能追求相对真理，通过怀疑、研究、探索，一步步接近绝对真理。为此，要对已有的认识、常规的看法、权威的结论，不断地怀疑、探索与修正。

这是我们一辈子的事情。

这也应该是许多有志者一辈子的事情和一辈又一辈的有志者的事情。

刘达临

图书在版编目（CIP）数据

道家与性文化 / 胡宏霞，刘达临著.
-- 北京：东方出版社，2015.2
ISBN 978-7-5060-8069-9

Ⅰ.①道… Ⅱ.①胡… ②刘… Ⅲ.①道家—性—文
化—研究 Ⅳ.①B223.05②C913.14

中国版本图书馆CIP数据核字(2015)第054160号

道家与性文化
（DAOJIA YU XINGWENHUA）

作　　者：胡宏霞　刘达临
责任编辑：梁　欣
出　　版：东方出版社
发　　行：人民东方出版传媒有限公司
地　　址：北京市东城区朝阳门内大街166号
邮　　编：100010
印　　刷：嘉业印刷（天津）有限公司
版　　次：2015年5月第1版
印　　次：2025年2月第15次印刷
开　　本：880毫米×1230毫米　1/32
印　　张：8.75
字　　数：155千字
书　　号：ISBN 978-7-5060-8069-9
定　　价：49.80元
发行电话：（010）85924663　85924644　85924641